유학 없이 100% 유창해지는

하 루
× 10 분

★ ★ ★
**클래스101
영어회화**

1위를

기록한 근영쌤의
가장 효과적인
영어 독학법!

영어 혼잣말의
기적

sns 홍보 없이 오직 강의만으로
수강생 인기도 & 만족도 1위를 기록한
근영쌤의
앞머리 표현 50개로
영어 문장 700개를
유창하게 바로 뱉는
100% 진짜 회화 공부법!

S 시원스쿨닷컴

유학 없이 100% 유창해지는

하루 10분
영어 혼잣말의 기적

초판 2쇄 발행 2023년 3월 3일

지은이 임근영
펴낸곳 (주)에스제이더블유인터내셔널
펴낸이 양홍걸 이시원

홈페이지 www.siwonschool.com
주소 서울시 영등포구 국회대로74길 12
교재 구입 문의 02)2014-8151
고객센터 02)6409-0878

ISBN 979-11-6150-670-8
Number 1-120101-16161600-08

바쁜 일상 속
유학 없이도 100%
영어가 유창해지길 바라는

대한민국 모든
영어 독학러분들께
이 책을 바칩니다.

'이번에는 꼭…'

　매년 초, 많은 분들이 이런 다짐을 하실 겁니다. 늘 꿈만 꿔오던 유창한 영어, 이번엔 꼭 성공해 보자!라는 마음으로요. 하지만 어떤 방법이 효과적일지, 어떻게 시작해야 할지 알 수 없어 이런 저런 방법을 시도만 해 보다가 결국 포기하게 되고는 합니다. 그리고 이런 과정에서 영어에 대한 막연한 두려움만 점점 커지게 되고요.

　왜 이렇게 잘 아느냐고요? 저 역시 그랬으니까요. 단어를 외우고, 미드 대사를 외우고, 연설문을 통째로 외워 봐도 실제 회화에서는 전혀 생각이 나지 않았습니다. 내가 하고 있는 방법이 과연 효과가 있는 건지, 시간 낭비는 아닌지 확신이 들지 않아 오랜 시간 답답함을 느끼고는 했습니다.

이 책은
과거의 저와 같은
막막함 속을 헤매는 분들을 위해 쓴 책입니다.

　이 책엔 제가 숱한 실패를 거듭하면서 직접 경험하고 효과를 보았던 현실적인 영어 공부 방법이 상세하게 담겨 있습니다. 따라서 책 속에 담긴 과정을 따라오시다 보면 '아, 회화는 이렇게 하는 거구나!'라는 감을 잡으실 수 있을 겁니다. 제가 답답함을 느꼈던 부분, 이를 해소해 나갔던 과정이 고스란히 녹아 있으니까요.

　기초 문장을 달달 외우던 시절, 내가 원하는 것은 유창한 영어인데 당장 배우는 건 짧고 간단한 문장뿐이어서 쉽게 지루함을 느끼곤 했습니다. 열심히 외워도 금세 까먹기 일쑤였고, 멀어 보이는 목표 때문에 얼마 못 가 지쳐 포기하게 되었고요.

그러던 중 흥미로운 사실 한 가지를 깨달았습니다. 단순히 기초 문장 100개를 달달 외우는 것보다, **딱 1개의 문장이라도 '입으로 유창하게 말하는 경험'을 하는 것이 회화에 훨씬 효율적이라는 점이었습니다.** 딱 1개의 문장이더라도 스스로 만족스러운 표현을 입으로 뱉어냈을 때, 희열을 느끼면서 영어에 대한 긍정적인 느낌이 생겨나기 시작했거든요. 기존에 두려움, 긴장감으로 뭉쳐 있던 영어에 대한 감정이 가벼움, 재미로 바뀌어 갔습니다. 이후에는 영어회화 실력이 빠른 속도로 성장하기 시작했고요.

지금까지 여러분이 영어에 대해 느끼는 감정이 '두려움, 긴장감'이었다면, 이 책은 앞으로 그러한 여러분의 영어 감정을 변화시키는 데에 큰 도움이 될 것입니다. 책에 소개된 방법을 가볍게 따라해 보면서 '오, 해 볼 만한데?'라는 생각이 드는 순간, 이미 여러분은 유창한 영어회화 실력으로 나아가기 시작한 것일 테니까요.

마지막으로 이 책을 만들기까지 도움을 주신 분들께 감사의 인사를 전하고 싶습니다. 가난한 환경 속에서도 마음 속에 사랑을 가득 채워 주신 부모님, 사랑하는 나의 언니와 너무도 든든한 형부, 내 동생 그림이, 곁에서 힘이 되어 주는 소중한 친구들, 진심 어린 응원을 보내 주시는 '꾸독' 새벽 모임 멤버분들, 검수를 도와준 진수, 마지막으로 첫 책이라 부족함이 너무나도 많았던 저를 따뜻한 마음과 멋진 실력으로 채워 주신 신기원 차장님께 진심으로 감사드립니다. 이 책이 앞으로 여러분이 만들어 갈 유창한 영어회화 실력에 밝은 로드맵이 될 수 있기를 바랍니다.

· 저자 **임근영** 올림 ·

5

🔊 최고의 독학법! 영어 혼잣말

가난했기에

유학을 갈 수도 없었고

사교육을 받을 수도 없었던 제가

100% 영어 말문이 트일 수 있었던

가장 효과적인 독학법이 바로

영어 혼잣말이었습니다.

하지만 영어 혼잣말을 어쩌다 가끔씩 툭툭 내뱉는 수준으로 하면 그 효과를 제대로 볼 수 없습니다. 영어 혼잣말이 '일상의 습관'이 되어야 진정한 효과를 볼 수 있습니다. 가령, 내가 어떤 표현을 배웠다면 그 표현을 쓸 만한 상황을 맞닥뜨릴 때마다 의식적으로라도 그 표현을 써서 영어 문장을 만들어 중얼거리는 것이 '습관'이 되어야 합니다. 따라서 좀 더 정확히 표현하자면, 유학 없이 100% 입이 트이는 가장 효과적인 영어 독학법은 바로

영어 혼잣말의 습관화입니다.

하지만 여러분의 경우 '그럼 어떤 표현으로 혼잣말을 시작하지?'라는 막연함이 밀려올 수 있습니다. 따라서 본 교재는 영어 혼잣말을 처음 시작하는 분들이 체계적인 가이드 라인을 따라 가며 매일 하루 10분씩 영어 혼잣말을 하며 이를 습관으로 만들 수 있도록 원어민이 입에 달고 사는 회화 표현 50개를 뽑아 이를 바탕으로 영어 문장 700개를 만들어 혼잣말로 말하며 연습해 보도록 설계되어 있습니다. 이를 정리하면 아래와 같습니다.

영어 혼잣말 습관화 프로세스

STEP 1	STEP 2	STEP 3
원어민이 입에 달고 사는	문장이 점점 길어지는	앞머리로 만든 문장들을
앞머리 표현	**비빔밥 영작**	**영어 혼잣말**
입에 장착하기	으로 문장 만들기	로 바로 뱉고 녹음하기

앞서 말한 '영어 혼잣말 습관화'의 구체적인 방법은 아래와 같습니다.

💬 앞머리 표현

우선, 입에서 영어가 바로 튀어나오는 '앞머리 표현'들을 입에 장착합니다.

I've been to ~

[발음] 압빈-투~, 압빈-투~ / [의미] 난 ~에 가 본 적 있어.

🍲 비빔밥 영작

그 다음 '비빔밥 영작법'을 활용해 '짧은 문장 → 긴 문장'을 단계별로 만듭니다.

밥 짓기 [기본 문장]

I've been to New York.

난 뉴욕에 가 본 적 있어.

반찬 더하기 [기본 문장+디테일]

I've been to New York with my sisters.

난 언니들이랑 뉴욕에 가 본 적 있어.

참기름 뿌리기 [기본 문장+디테일+원어민스러움]

Personally, I've been to New York with my sisters.

개인적으로, 난 언니들이랑 뉴욕에 가 본 적 있어.

🔊 영어 혼잣말

마지막으로, 만든 문장들을 혼잣말로 바로 뱉고 휴대폰 등으로 녹음합니다.

(Personally,) I've been to New York (with my sisters).

[Step 1] MP3를 듣고 원어민은 어떻게 말하는지 참고한 뒤,

[Step 2] 실제 누군가에게 말하듯 감정을 실어 혼잣말로 말하며 녹음해 보고,

[Step 3] 녹음한 내용을 듣고 내가 어떻게 말하는지도 스스로 평가해 봅니다.

책의 구성 및 특징

1

영어를 나의 일상으로 만드는 하루 10분!

영어 혼잣말 습관화 트레이닝

본 교재는 저자의 노하우를 바탕으로 엄선한 원어민이 입에 달고 사는 '앞머리 표현' 50개로 총 700개의 영어 문장을 혼잣말로 뱉고 녹음하는 과정을 통해 교재를 다 끝낸 후에도 영어 혼잣말이 '습관'이 되어 영어가 자연스러운 일상이 되도록 만드는 교재입니다. 영어 혼잣말 습관화 트레이닝은 아래와 같은 프로세스로 진행됩니다.

앞머리 표현 1개당 ➡ 14개 문장 혼잣말 트레이닝		
1일차	앞머리 표현 장착	'발음/의미'를 익힌 후 <u>연습 문장 2개</u> 혼잣말 트레이닝
2일차	밥 짓기	앞머리 표현으로 만든 <u>기본 문장 4개</u> 혼잣말 트레이닝
3일차	반찬 더하기	기본 문장에 살을 붙인 <u>확장 문장 4개</u> 혼잣말 트레이닝
4일차	참기름 뿌리기	확장 문장에 살을 붙인 <u>심화 문장 4개</u> 혼잣말 트레이닝

▼

I've been to ~		
Day **001**	앞머리 표현 장착	압**빈**투~ / 난 ~에 가 본 적 있어.
Day **002**	밥 짓기	**I've been to 장소.**
Day **003**	반찬 더하기	**I've been to 장소** <u>with 누구</u>.
Day **004**	참기름 뿌리기	<u>Personally</u>, **I've been to 장소** <u>with 누구</u>.

Day **005~008** ·········· Day **193~196**

I'll do my best to ~		
Day **197**	앞머리 표현 장착	알두마이**베슷**투~ / 난 최선을 다해 ~할 거야.
Day **198**	밥 짓기	**I'll do my best to**-동사원형.
Day **199**	반찬 더하기	**I'll do my best to**-동사원형 <u>for 목적</u>.
Day **200**	참기름 뿌리기	<u>I promise</u>, **I'll do my best to**-동사원형 <u>for 목적</u>.

➡ **총 50개 표현 & 700문장 트레이닝으로 영어 혼잣말 습관 완성**

1. 앞머리 표현 장착 ✔	2. 밥 짓기	3. 반찬 더하기	4. 참기름 뿌리기

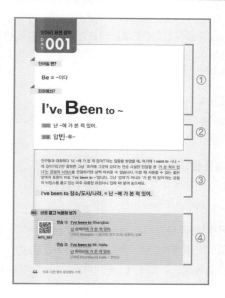

① 앞머리 표현 보기
원어민이 입에 달고 사는 대표적인 앞머리 표현을 살펴봅니다.

② 의미 & 발음 익히기
의미 파악 후 발음을 입으로 소리 내어 따라 말하며 입에 착! 붙을 수 있게 합니다.

③ 뉘앙스 파악하기
앞머리 표현의 뉘앙스와 이 표현을 어떤 상황에서 사용하는지 파악합니다.

④ 연습 문장 2개 혼잣말 트레이닝
QR코드를 찍어 원어민의 음성을 듣고 문장 2개를 혼잣말로 말하며 녹음해 봅니다.

1. 앞머리 표현 장착	2. 밥 짓기 ✔	3. 반찬 더하기	4. 참기름 뿌리기

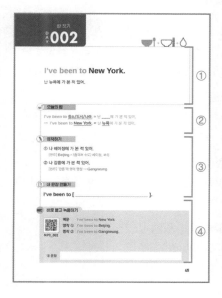

① 초급 수준의 [기본 문장] 보기
앞머리 표현으로 만든 가장 짧고 단순한 기본 문장 1개를 살펴봅니다.

② 표현 & 어휘 익히기
앞서 살펴본 기본 문장을 만드는 데 쓰인 주요 표현과 어휘를 학습합니다.

③ [기본 문장] 3개 영작하기
힌트를 활용해 한글 문장 2개를 영작한 후 나만의 문장 1개까지 만들어 봅니다.

④ 전체 [기본 문장] 4개 혼잣말 트레이닝
QR코드를 찍어 원어민의 음성을 듣고 문장 4개를 혼잣말로 뱉고 녹음합니다.

1. 앞머리 표현 장착	2. 밥 짓기	✔ 3. 반찬 더하기	4. 참기름 뿌리기

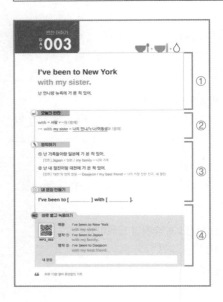

① **중급 수준의 [확장 문장] 보기**
앞서 배운 기본 문장에 디테일을 더해 좀 더 길게 만든 문장 1개를 살펴봅니다.

② **표현 & 어휘 익히기**
앞서 살펴본 확장 문장을 만드는 데 쓰인 주요 표현과 어휘를 학습합니다.

③ **[확장 문장] 3개 영작하기**
힌트를 활용해 한글 문장 2개를 영작한 후 나만의 문장 1개까지 만들어 봅니다.

④ **전체 [확장 문장] 4개 혼잣말 트레이닝**
QR코드를 찍어 원어민의 음성을 듣고 문장 4개를 혼잣말로 뱉고 녹음합니다.

1. 앞머리 표현 장착	2. 밥 짓기	3. 반찬 더하기	✔ 4. 참기름 뿌리기

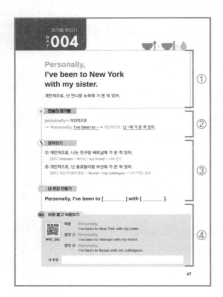

① **고급 수준의 [심화 문장] 보기**
앞서 배운 확장 문장에 네이티브식 표현을 더해 좀 더 길게 만든 문장 1개를 살펴봅니다.

② **표현 & 어휘 익히기**
앞서 살펴본 심화 문장을 만드는 데 쓰인 표현과 어휘를 학습합니다.

③ **[심화 문장] 3개 영작하기**
힌트를 활용해 한글 문장 2개를 영작한 후 나만의 문장 1개까지 만들어 봅니다.

④ **전체 [심화 문장] 4개 혼잣말 트레이닝**
QR코드를 찍어 원어민의 음성을 듣고 문장 4개를 혼잣말로 뱉고 녹음합니다.

2 영어 혼잣말 트레이닝의 효과를 극대화하는
혼잣말 학습 체크 일지 & 쓰기 노트

  열심히 독학을 한 후 그것을 눈에 보이는 흔적으로 남겨 축적해 가면 뭔가를 많이 해냈다는 성취감과 더불어 기억력을 더 강화하는 데에 매우 효과적입니다.

나의 영어 혼잣말
학습 체크 일지

그날그날의 학습을 마친 뒤 학습 체크 일지에 날짜를 적고 완료했다는 체크(O) 표시를 해 나가면 '내가 지금까지 이만큼 해냈구나'하는 성취감 + 혼잣말을 꾸준히 유지할 수 있는 동기가 부여됩니다. 따라서 '하루 10분 영어 혼잣말 습관화 트레이닝'을 진행하며 영어 혼잣말 학습 체크 일지를 반드시 작성해 나가도록 하세요.

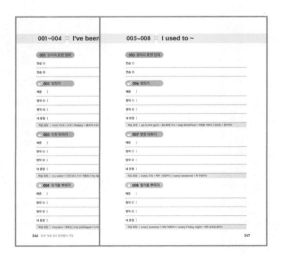

나의 영어 혼잣말
700문장 쓰기 노트

영어 혼잣말을 매일 꾸준히 하는 것과 더불어 내가 입으로 뱉은 말을 종이 위에 글자로 옮겨 필기하는 습관까지 들이면 그날그날 학습한 내용이 머릿속에 2배 이상 선명히 각인되는 효과가 있습니다. 더불어 본 교재가 끝나갈 때 즈음 내가 필기한 700개의 문장을 훑어보며 매우 큰 성취감과 뿌듯함을 느끼게 될 것입니다.

📋 목차

📝 **부록**   **나의 영어 혼잣말 700문장 쓰기 노트**

13

✅ 나의 영어 혼잣말 학습 체크 일지

그날그날의 학습을 마친 뒤 학습 체크 일지에 날짜를 적고 완료했다는 체크(O) 표시를 해 나가면 '내가 지금까지 이만큼 해냈구나'하는 성취감 + 혼잣말을 꾸준히 유지할 수 있는 동기가 부여됩니다. 아래의 플랜 3개 중 1개를 택한 뒤 '[Chapter 3] 하루 10분 영어 혼잣말 습관화 트레이닝'을 진행하며 영어 혼잣말 학습 체크 일지를 반드시 작성해 나가도록 하세요.

Plan 1 나는 **길고 가늘게 6개월**간 해 볼 거야!
➡ 하루에 1페이지씩 / 하루 약 10분 / 총 200일간의 습관화 훈련

Plan 2 나는 **짧고 굵게 3개월**간 해 볼 거야!
➡ 하루에 2페이지씩 / 하루 약 20분 / 총 100일간의 습관화 훈련

Plan 3 나는 **되는대로 자유롭게** 해 볼 거야!
➡ 그날의 스케줄 & 컨디션에 따라 원하는 분량을 정해서 자유롭게

I've been to ~				I used to ~			
001	002	003	004	005	006	007	008
/	/	/	/	/	/	/	/
It's getting ~				**I'm going to ~**			
009	010	011	012	013	014	015	016
/	/	/	/	/	/	/	/
I'm supposed to ~				**It's up to ~**			
017	018	019	020	021	022	023	024
/	/	/	/	/	/	/	/
I'm down for ~				**I'm heading to ~**			
025	026	027	028	029	030	031	032
/	/	/	/	/	/	/	/

I'd like to ~				I don't think ~			
033	034	035	036	037	038	039	040
/	/	/	/	/	/	/	/

There is a ~				What if ~?			
041	042	043	044	045	046	047	048
/	/	/	/	/	/	/	/

I'm into ~				It's not that ~			
049	050	051	052	053	054	055	056
/	/	/	/	/	/	/	/

I'm about to ~				as long as ~			
057	058	059	060	061	062	063	064
/	/	/	/	/	/	/	/

I could use ~				I doubt that ~			
065	066	067	068	069	070	071	072
/	/	/	/	/	/	/	/

compared to ~				What's wrong with ~?			
073	074	075	076	077	078	079	080
/	/	/	/	/	/	/	/

I'm sick of ~				I'm good at ~			
081	082	083	084	085	086	087	088
/	/	/	/	/	/	/	/

I'm afraid I can't ~				I hope that ~			
089	090	091	092	093	094	095	096
/	/	/	/	/	/	/	/
I'm trying to ~				It looks like ~			
097	098	099	100	101	102	103	104
/	/	/	/	/	/	/	/
I can't believe ~				It's a pity that ~			
105	106	107	108	109	110	111	112
/	/	/	/	/	/	/	/
I'm so nervous about ~				I wonder if ~			
113	114	115	116	117	118	119	120
/	/	/	/	/	/	/	/
No need to ~				It's time to ~			
121	122	123	124	125	126	127	128
/	/	/	/	/	/	/	/
I'm on my way to ~				It turned out to be ~			
129	130	131	132	133	134	135	136
/	/	/	/	/	/	/	/
It depends on ~				I'll pretend ~			
137	138	139	140	141	142	143	144
/	/	/	/	/	/	/	/

I prefer ~				I'm thinking about ~			
145	146	147	148	149	150	151	152
/	/	/	/	/	/	/	/
I'm interested in ~				I'm looking for ~			
153	154	155	156	157	158	159	160
/	/	/	/	/	/	/	/
You can ~				It's my first time ~			
161	162	163	164	165	166	167	168
/	/	/	/	/	/	/	/
Don't forget to ~				What makes you think that ~?			
169	170	171	172	173	174	175	176
/	/	/	/	/	/	/	/
I'm looking forward to ~				I'm obsessed with ~			
177	178	179	180	181	182	183	184
/	/	/	/	/	/	/	/
I'm available for ~				I want you to ~			
185	186	187	188	189	190	191	192
/	/	/	/	/	/	/	/
I don't have time to ~				I'll do my best to ~			
193	194	195	196	197	198	199	200
/	/	/	/	/	/	/	/

Chapter

1

유학 없이
독학
만으로
100%
입이 트이다

가난했기에 유학을 갈 수도 없었고 사교육도 받을 수 없었던
근영쌤의 100% 영어 말문이 트일 수 있었던

영어 독학 성공기!

PART 1

영어가 잘하고 싶었던
가난한 대학생

돈 = 불가능

 제가 '집이 가난하다'는 사실을 인지한 건 중학생 무렵이었습니다. 예민하고 상처받기 쉬운 학창 시절, 돈과 관련해서 가슴앓이를 해야 했던 일이 무척 많았으니까요. 당시의 저에게 '돈이 든다'는 것은 '불가능하다'는 말과도 같았습니다. 필요한 물건도, 원하는 경험도, 돈이 든다는 생각이 들면 내가 가질 수 없는 것이라고 생각했습니다.

 다행히 대학생 때부터는 아르바이트를 할 수 있었기에 원하는 것들을 조금씩 시도해 볼 수 있었습니다. 방학 때에는 하루 3개의 아르바이트를 하기도 했고요. 이외에도 시간이 날 때마다 틈틈이 단기 알바를 하곤 했습니다. 지금 생각해 보면 꽤 고된 일정이었지만, '아르바이트를 하면 돈이 들더라도 하고 싶은 일을 해 볼 수 있다'는 사실에 피곤한 줄도 몰랐습니다.

 하지만 돈은 늘 부족했습니다. 당시 용돈을 받지 않았기에 교통비, 휴대폰비, 생활비, 학자금 이자 등을 스스로 벌어야 했는데, 친구들과 갑작스럽게 약속이 생길 때면 늘 돈 걱정이 앞서곤 했습니다. 밥을 먹으러 가서 메뉴를 시킬 때에도 속으로는 '더 시키면 돈이 부족할 텐데...' 걱정하느라 애를 태운 적도 많고요.

 이 때문에 동아리 MT, 술자리 등에도 거의 참여하지 않았는데, 제 사정을 몰랐던 친구들은 제가 대학 생활을 그리 즐기지 않는 편이라고 생각했을지도 모릅니다. 당시 제 별명은 '알바몬', '바람' 등이었는데, 수업이 끝나면 바람처럼 사라진다고 해서 붙여진 별명이었습니다. 아르바이트에 늦지 않으려면 서둘러 뛰어가야 했으니까요.

대학생 시절
다양한 곳에서
아르바이트를 하며
사진으로
남겨 놓았던
나의 모습

딱 1년만 해외 유학을 갈 수 있다면…

하지만 그런 저에게도 결코 포기할 수 없는 한 가지가 있었습니다. 바로 '유창한 영어 실력'에 대한 갈증이었습니다.

가끔 우리는 인생에서 이유를 명확하게 설명하기는 어렵지만, 무척 끌리는 무언가를 만나고는 합니다. 그것이 어떤 이에게는 그림 그리는 일이, 어떤 이에게는 춤을 추는 일이 될 수도 있을 거예요. 저에게도 저를 가슴 설레게 하는 무언가가 있었습니다. 바로 '세계를 무대로 일하고 싶다'는 꿈이었습니다.

명확한 장래희망이 있는 것은 아니었지만, 세계의 다양한 사람들과 자유롭게 생각을 교류하며 멋진 세상을 만들어가는 상상을 자주 하곤 했습니다. 작은 책상 앞에 앉아, 세계를 무대로 일하는 멋진 미래의 모습을 상상할 때면 가슴이 벅차올랐습니다. 하지만 이를 위해서는 영어를 할 수 있어야 했고, 저에게 유창한 영어 실력이란 원하는 미래를 만들어가기 위한 필수적인 관문이었습니다.

'딱 1년만 해외 유학을 갈 수 있다면…'

지금 생각해 보면 교환 학생을 신청해 볼 수도 있었을 텐데, 당시 저에게 해외에서의 생활은 곧 '돈이 많이 드는 것'으로 다가왔습니다. 이 때문에 해외 생활에 대한 가능성은 생각조차 하지 못했던 것 같습니다. 처음부터 선택지에서 배제해 버렸던 거죠. 가난의 가장 큰 단점은 '돈' 앞에서 스스로의 가능성을 미리 차단하게 만든다는 점입니다. 방법이 충분히 있더라도, 돈이 많이 든다는 생각이 들면 '불가능'으로 여기는 것에 익숙해지니까요. 원하는 미래가 있는데도 이를 만들어갈 수 없다고 생각하니 가슴 속에 무언가 막힌 듯한 답답함이 느껴졌습니다.

PART 2

어학연수비 0원!
영어 혼잣말로 100% 입이 트이다

유학파 못지않은 영어 실력을 다짐하다

'국내에서 공부했지만 유학파 못지않은 영어 실력을 갖춰 보자'

대학생 때, 해외 유학을 꿈꾸었지만 갈 수 없었던 상황에서 제 마음속에 자리잡은 다짐입니다. 유학을 갈 수 없다면 독학만으로 유창한 영어회화 실력을 만들어보자는 생각이 들었기 때문입니다. 국내에서 공부하더라도 유학 생활 못지않은 영어 실력을 만들고 싶었습니다.

하지만 어떻게 시작해야 할지 그 방법부터 무척 막막했기에, 일단 혼자서 영어 실력을 늘린 사람들의 책부터 읽어 보았습니다. 그리고 그들이 알려주는 방법을 시도해 보는 동시에 시중에 알려진 다양한 영어 공부 방법들 또한 시도해 보기 시작했습니다.

단어 외우기, 미드 보기,
영화 대본 외우기, 영어 동화 읽기,
영어 어플 써 보기, 유엔 연설문 외우기…

유엔 연설문으로 공부했을 때에는 일주일 내내 중얼거리며 연설문을 통으로 외운 적이 있었는데, 한 달이 지나고 나니 단 한 줄도 떠오르지 않아 자괴감이 들었던 기억이 납니다. 이후 제대로 해 보자는 마음에 영화 대본 전체를 공부하기로 마음먹었는데, 인쇄소에서 출력물을 받아 들자마자 자신감을 잃기도 했습니다. 대본 출력물이 수학의 정석 뺨치는 두께였거든요. 3일 정도 대충 훑어보다가 '이건 못 하겠구나' 싶어 그만두었던 적도 있습니다.

이렇게 작심삼일에 그치는 일이 반복되면서 내가 시도하는 방법들이 과연 효과가 있는 건지, 영어 실력이 늘고 있기는 한 건지 알 수 없어 때때로 답답함을 느끼고는 했습니다. 하지만 유학 생활 못지않은 영어 실력을 위해서는 일부러라도 영어에 자주 노출되어야 한다는 생각이 있었기에 계속해서 다양한 방법을 시도하고 실패하기를 반복했습니다.

영어 혼잣말, 나만의 독학법을 찾다

시행착오를 겪으며 과연 이게 맞나?' 싶은 생각이 들 무렵, 우연히 한 권의 책을 읽게 되었습니다. 반기문 전 사무총장님이 쓴 저서로, 자신의 학창 시절 영어 공부 방법을 담겨 있는 책이었습니다.

'당시에는 더욱 어려운 환경이었을 텐데, 어떻게 혼자서 영어 회화를 국제적인 수준까지 끌어올릴 수 있었을까?'

호기심에 단숨에 책을 읽어 내려가기 시작했고, 한 문장이 제 눈을 사로잡았습니다. 바로 '매일 혼잣말로 영어를 연습했다'는 문장이었습니다. 혼잣말로 영어를 연습했다니… 실력이 부족한 상태에서 혼자 영어로 말을 해 봤자 다 틀릴 수도 있는데, 과연 효과가 있을까? 하지만 밑져야 본전이라는 생각이 들었습니다. 딱히 돈이 드는 것도 아니고, 무엇보다 직접 효과를 본 사람이 알려주는 방법이었으니까요.

저는 그날부터 영어로 혼잣말을 중얼거리기 시작했습니다. 다른 사람들과 함께 있을 때에는 이상한 사람처럼 보일 수 있으니, 주로 혼자 길을 걷거나 집에 있을 때 영어로 혼잣말을 하곤 했습니다. 처음엔 하고 싶은 말은 산더미인데 표현할 수 있는 문장은 얼마 없어서 다소 답답했습니다. 그래도 영어로 말을 해보는 것 자체가 무척 재미있었기에 매일 틈틈이 영어 혼잣말을 이어 나갔습니다.

나중에는 스스로의 영어를 들어 보고 싶어 휴대폰에 녹음을 하기도 했는데, 마치 외국인과 통화하는 기분이 들어 더욱 집중해서 말할 수 있었습니다. 그 후로는 집에서 나갈 준비를 할 때나 길을 걸을 때, 수시로 영어 혼잣말을 녹음하고는 했습니다. 물론 틀린 표현이 가득하고 부족한 영어 수다였지만 말입니다.

이전에는 오랜만에 영어로 말하려면 무척 긴장이 되곤 했는데, 매일 영어 혼잣말을 습관처럼 하다 보니 영어로 생각하고 말하는 것 자체가 조금씩 편안하고 익숙해지기 시작했습니다.

"너 영어 어디서 공부한 거니?"

'돈을 잘 벌면서도 해외를 다닐 수 있는 직업이 무엇이 있을까?'

졸업이 다가오면서 '일단 돈을 벌자'는 생각이 들었기에, 돈을 벌면서도 해외 경험도 할 수 있는 외항사 승무원에 지원한 적이 있습니다. 마침 그 당시 몇 주 안에 한국에서 외항사 채용이 있을 예정이었거든요. 급히 취업 스터디에 참여하여 지원 자격에 '오픽(OPIc)'이라는 영어회화 시험 점수가 필요하다는 것을 알게 되었고, 기간 안에 지원을 마치기 위해서는 빠른 시일 내에 점수가 필요했기에 시험 시간, 시험 방식 등만을 확인하고 준비 없이 시험을 치렀습니다.

외항사 승무원을
준비하며
사진으로
남겨 놓았던
나의 모습

시험 결과를 기다리면서 어느 정도의 유창성이 필요하다는 IH레벨(최고 점수 바로 아래 레벨)이 나오기를 간절히 바랐었는데, 놀랍게도 결과는 최고 점수인 AL레벨이었습니다. 그때까지는 영어 실력을 객관적으로 확인할 기회가 없었기에 성적을 확인한 후 무척 놀랐던 기억이 납니다.

이후 지원서가 통과하여 최종 면접까지 가게 되었는데, 인터뷰 중 외국인 면접관의 질문이 저를 또 한 번 놀라게 만들었습니다.

"너 영어 정말 잘한다. 어디서 공부한 거니?"

유학생 출신이 대부분인 지원자들 사이에서 영어에 대한 칭찬을 듣다니... 결국 최종 면접에서는 탈락했지만, 스스로의 영어 실력에 대한 확신을 가질 수 있었던 잊을 수 없는 순간이었습니다.

· PART · 3

영어 자유인이 된
비법을 나누다

강남 어학원, 유일한 국내파 영어회화 강사

 졸업 후 저의 첫 직업은 모델이었습니다. 대학 생활 중 틈틈이 포트폴리오를 쌓았고, 졸업 후 한 국내 백화점 온라인몰의 의류 모델로 일할 수 있었습니다. 꿈꾸던 직업으로 일할 수 있다는 것 자체가 무척 감사했지만 한 가지 아쉬운 점이 바로 영어를 사용할 기회가 전혀 없다는 것이었습니다. 대학 생활 동안 키워온 영어 실력이 이대로 녹슬어 버리는 것은 아닌지 아쉬운 마음이 커졌습니다.

대학 졸업 후
첫 직업으로 택한
의류 모델 활동
당시의 사진

의류 모델로 활동하던 중 스스로의 영어회화 실력을 테스트해 보고자 강남 유명 어학원 영어회화 강사 면접을 본 적이 있습니다. 40분이 넘는 영어 인터뷰를 한 결과, 국내파로는 유일하게 어학원 강사로 채용되었습니다. 초기엔 가장 낮은 레벨을 담당했지만, 1년 뒤에는 가장 높은 레벨을 담당하게 됨과 동시에 수강생 만족도 1위 강사로 선정될 수 있었습니다.

강남 어학원에서
강사로 활동 당시
사진으로 남겨 놓은
나의 모습

강의에 자신감이 붙은 후로는 직접 회화 커리큘럼을 만들어 보고 싶다는 생각이 들었습니다. 제가 직접 공부했던 방법을 활용하면 더욱 진정성 있는 수업이 가능할 것 같았기 때문입니다. 이를 위해 과외 어플에 수업 소개를 올려 1:1 회화 수업을 시작했습니다. 처음엔 스스로 준비한 강의에 자신이 없어 목소리를 떨기도 했으나 계속 부딪쳐 보면서 강의 내용을 잡아갔습니다. 이후 강의 노하우를 쌓아가면서 타겟을 좁혀 의사, 변호사 등의 전문직 및 기업 CEO를 대상으로 한 1:1 회화 수업을 약 2년간 진행했습니다.

수업을 할수록 강하게 들었던 생각은 '정말 많은 분들이 자신의 영어 가능성을 낮게 평가하고 계시구나'라는 점이었습니다. 충분히 영어 실력을 끌어올릴 수 있는데도, 그동안의 실패로 인해 자신감을 잃고 스스로를 '영포자'로 정의하시는 분들이 무척 많았거든요. 저 역시 경험해 본 적이 있어서 충분히 공감이 되었고요.

이를 위해 제가 수업에서 항상 집중한 부분은 틀려도 된다는 '가벼운 마음'과 가능하다는 '확신'을 드리는 일이었습니다. 그동안 '영어'하면 떠올랐던 두렵고 긴장되는 감정을 '할 만한데?'라는 가벼움으로 바꾸고, 이 가벼움이 영어를 지속하게 하는 힘, 즉 '재미'가 되어 실력으로 이어지는 과정을 경험하게 해 드리고 싶었습니다. 처음에는 식은땀을 흘려가며 잔뜩 긴장하던 모습에서, 한결 가벼운 표정으로 틀리더라도 영어로 이런저런 이야기를 풀어가는 모습을 볼 때면 저도 덩달아 신이 나곤 했습니다. 결국 그러한 변화가 실력으로 이어질 것을 알고 있었으니까요.

클래스101 영어회화 부문, 인기도 & 만족도 1위 강의

그렇게 영어 회화 강사로 일한 지 5년 정도가 되어가던 무렵, 강한 슬럼프가 왔던 때가 있습니다. 세계를 무대로 일하고 싶은 마음에 영어를 익히기 시작했는데, 정작 영어회화 강사로 일하는 동안 한국 밖에서 살아 본 적이 없었으니까요. 이러한 이유들로 강사 일을 그만둬야 할지를 진지하게 고민하던 시기였습니다. 이때 '그만두더라도 최대한 많은 사람들에게 내 노하우를 공유하고 그만두자'라는 생각이 들었습니다. 제가 경험했던 과거의 막막함 속을 헤매는 분들이 아직 많다는 것을 알고 있었기에, '당신도 가능하다'는 메시지와 함께 현실적으로 실현 가능한 방법을 구체적으로 알려 드리고 싶었습니다.

이를 위해 '클래스 101'에 그동안 쌓아온 독학 노하우를 인강으로 기획해 올렸습니다. 초반 수요 조사에서 기대 이상의 좋은 반응을 얻어 인강 오픈이 확정되었고요. 저는 10년 가까이 거의 같은 몸무게를 유지해 왔었는데, 인강을 준비하는 기간 동안 한 달 만에 5kg이 빠질 만큼 온 에너지를 쏟아부었습니다. 총 32개의 인강을 제작하였고, 결과적으로 현재 기준 클래스101 영어회화 부문 인기도 및 만족도 순위 1위에 올라 있습니다.

강의 이후에 '혼자 공부할 수 있는 자료가 더 있었으면 좋겠다'는 요청이 많았습니다. 이번 책은 저의 첫 영어회화 책이자 제가 직접 연습했던 방법을 여러분들과 함께 실천해 볼 수 있는 책이 될 것입니다.

독학을 할 때 가장 어려운 점은 '내가 잘 하고 있는 건지', '실력이 늘고 있긴 한 건지' 확신이 들지 않는다는 점입니다. 혼자 공부할 때에는 시험이 있는 것도 아니고, 누군가 실력을 측정해 주는 것도 아니니까요. 그래서 당장에 큰 변화가 느껴지지 않으면 쉽게 흔들리고 포기하게 되고는 합니다.

하지만 여러분, 당장에 큰 변화가 있지 않더라도, 지속하는 한 여러분의 실력은 계속해서 성장하고 있습니다. '이래도 되나', '이건 공부가 아니지 않나' 싶을 정도로 잠깐이라도 영어를 떠올리는 연습을 이어 나가셔야 합니다. 저는 이 책을 통해 여러분이 일상에서 아주 가볍게라도 영어를 떠올리고, 자꾸 자꾸 내 입으로 말해 보는 연습을 시작하셨으면 좋겠습니다. 제가 여러분께 드리고 싶은 단 한 가지는 바로 이 메시지입니다.

"이제 여러분 차례입니다."

Chapter

2

효과적인
**영어
혼잣말**을위한
3단계
전략

유학 없이 100% 영어 말문이 트인
근영쌤의 '영어 혼잣말' 독학법을
가장 효과적으로 할 수 있는 3단계 전략!

앞머리 · 비빔밥 · 혼잣말 전략

유학 없이 100% 유창해지는 최고의 독학법!
'영어 혼잣말'

영어 혼잣말이 효과적인 건 알겠는데, 대체 어떻게 하는 거지? 막상 혼잣말을 시도하려 해도 이걸 어떻게 시작해야 할지 막막하실 수 있습니다. 저 역시 초반엔 '이게 효과가 있나' 싶을 만큼 엉망인 영어로 말하곤 했으니까요. 또한 하고 싶은 말은 잔뜩 있는데 제가 영어로 말할 수 있는 표현은 한정적이었습니다. 아는 표현으로만 말하려니 하고 싶은 말의 30%도 풀어내지 못하는 느낌이었습니다.

돌아보면, 이 과정에도 한 가지 큰 장점이 있었습니다. 바로 아는 표현과 모르는 표현을 스스로 확인할 수 있다는 점이었습니다. 눈으로 읽으며 공부할 땐 당연히 안다고 생각했던 표현들도 막상 회화로 풀어내려 할 땐 전혀 생각나지 않는 경우가 많았으니까요. 덕분에 '내가 안다고 착각했던 표현'과 '내가 실제로 사용 가능한 표현'이 명확해지기 시작했습니다.

뿐만 아니라 혼잣말을 하다 보니 내가 자주 쓰는 표현들도 알 수 있었습니다. 가령, 제가 말을 할 때마다 'I'm going to'를 자주 쓰는 걸 보곤 '아, 나는 I'm going to'라는 표현을 엄청 자주 쓰는구나'라고 자각할 수 있었습니다. 특정 표현을 습관적으로 자주 쓰는 느낌이 들면 일부러라도 비슷한 뉘앙스를 가진 다른 표현을 사용해 보기도 했습니다. 그렇게 안 쓰던 표현을 의식적으로 써 보면서 표현할 수 있는 범위가 조금씩 넓어지기 시작했고, 그렇게 스스로 잘 아는 부분과 모르는 부분을 파악하면서 부족한 부분을 채워 나갈 수 있었습니다.

그리고 또 한 가지 신기한 경험을 하기 시작했습니다. 혼잣말을 하다가 영어로 풀어내기 어려워 답답했던 표현이 우연히 보고 있던 영화 대사에 나오는 경우가 꽤 자주 있었습니다. 그럴 때마다 '오, 맞아! 나 딱 저렇게 말하고 싶었어!'라는 생각과 함께 해당 표현이 매우 강하게 기억에 남고는 했던 것입니다. 그 표현은 딱 한 번 듣고서도 기억에서 절대 잊혀지지 않았습니다.

많은 양을 외웠다가도 시간이 흐르면 결국 다 까먹게 되곤 해서 허무했는데, 딱 한 문장이더라도 기억에 잘 남으니 오히려 회화에 무척 효율적이라는 느낌을 받았습니다.

저는 지금도 집에서 혼자 시간을 보내거나 생각을 정리해야 할 때면 영어로 혼잣말을 하곤 합니다. 한국에서만 살았기에 친한 친구와 주변인은 모두 한국인이지만, 혼잣말 덕분에 영어회화 연습을 매일같이 하고 있는 셈입니다.

그럼 지금부터 영어 혼잣말을 시작할 수 있는 구체적인 방법을 담은 [영어 혼잣말 step 1-2-3]을 소개하겠습니다.

머릿속에 문장을 정리하지 않고 바로 뱉는
앞머리 이론

학교에서 우리는 영어를 '읽기'와 '문법' 위주로 배웁니다. 이 때문에 나중에 말, 즉 '회화'를 할 때에도 머릿속에 문장을 정리해가며 말하는 습관이 생기기가 쉽죠. 예를 들어, '나 거기 가야 해'라는 말을 하고 싶을 경우 일단 머릿속에

주어 = I, 동사 = go,
아⋯ go 앞에 have to를 붙여야 하나?
아닌가? should인가?

위와 같이 문장을 정리하게 됩니다. 이러면 한참 동안 공백이 생기게 되고, 이런 침묵의 시간은 우리를 더욱 긴장하게 만들어 결국 말 한 마디 하기도 전에 머리가 하얘져 버리고는 합니다. 과연 그 이유는 무엇일까요?

많은 분들이 영어 공부를 위해 단어를 외워 본 경험이 있으실 겁니다. 눈으로 외우든, 적으면서 외우든, 대부분 단어 책에 적힌 '단어'와 그 '뜻'을 외웁니다. 'obsess = 사로잡다, 집착하다' 이런 식으로 말이죠.

물론 단어는 영어에 있어 무척 중요한 부분이지만 단순 단어 뜻만을 외우는 것은 회화에서 크게 힘을 발휘하지 못합니다. 바로 실제 회화에서는 단어가 아닌 '문장'으로 대화하기 때문입니다. 단어만 외울 경우, 말을 하고 싶어도 떠오르는 것은 단순 단어뿐이어서 머릿속으로 '다시 문장을 만들며' 말해야만 합니다. 결국 공부는 했는데 말은 나오지 않는 답답한 상황을 반복하게 되죠.

이 때 필요한 것이 바로 '앞머리 이론'입니다. 예를 들어 볼게요. 'obsess'라는 단어는 단어 책에서 '사로잡다, 집착하다'라는 뜻으로 나옵니다. 그런데 실제 회화에서 obsess가 활용될 땐 어떨까요? 예를 들어 좋아하는 가수나 취미가 생겨 '나 ~에 푹 빠졌어!'라는 문장을 영어로 말할 땐 문장 앞부분이 'I'm obsessed with'로 시작되는 경우가 많습니다. 그러니 단순 단어인 obsess만 외울 것이 아니라 'I'm obsessed with'란 표현 자체를 입에 붙여 두는 것이 좋습니다. 이처럼 자주 쓰는 문장 앞부분을 '앞머리'라고 부릅니다.

다행히 각 단어마다 자주 쓰는 앞머리가 어느정도 정해져 있기에 이러한 앞머리 표현을 먼저 익혀 두는 것이 회화에 큰 도움이 됩니다. 물론 '이 단어는 이런 앞머리로만 씁니다!'라고 말할 수는 없겠지만, 자주 쓰는 앞머리 표현을 먼저 익혀 두면 회화 실력을 더욱 효율적으로 높일 수 있습니다.

이 책에서는 한번 익혀 두면 무척 유용한 앞머리 표현 50개를 소개합니다. 그리고 이러한 앞머리 표현들을 익히는 과정에서 약 700여 개의 문장을 활용해 영어 혼잣말을 하는 연습을 해 볼 예정이고요. 이 과정을 통해 머릿속에서 문장을 정리하지 않고도 회화로 바로 뱉는 방법을 체득하게 될 겁니다.

이때 포인트는, 앞머리 표현을 입에 붙이는 과정에서 머릿속에 문장을 적으며 말하는 것이 아닌 '소리'에 집중하며 말해야 한다는 점입니다. 본 책에서는 모든 앞머리 표현에 '발음'을 적어 두었는데, 최대한 원어민 입장에서 바로 듣고 알아들을 수 있는 발음으로 적어 두었습니다. 이를 테면, 앞머리 표현 'I'm obsessed with'는 '암옵쎄스윗'이라고 발음하는 식으로 말이죠. 그러니 'I'm obsessed with'라고 적혀 있는 '글자'가 아닌 '암옵쎄스윗'이라는 소리에 집중하고, 이 소리를 꼭 내 입으로 말해 보며 입에 착! 붙여 나가시기 바랍니다.

하고 싶은 말을 막힘없이 유창하게 하는
비빔밥 이론

영어를 공부할 때 '좀 더 유창하게 말하고 싶은데…'라는 마음이 누구나 들곤 합니다. 하지만 스스로 초보라는 생각이 들면 기본적인 문장만을 말하게 되죠. 하지만 우리가 원하는 것은 유창한 영어인데, 이렇듯 단순한 기초 문장만 말하다 보면 흥미가 쉽게 사라지게 됩니다. 하지만, 우리가 원하던 유창성을 곧바로 경험할 수 있는 전략이 있습니다. 바로 '비빔밥 이론'입니다.

지금부터 집에서 냉장고에 있는 반찬들을 꺼내 비빔밥을 만드는 상상을 해 보겠습니다. 커다란 그릇에 밥, 반찬, 참기름을 한데 넣고 비비면 맛있는 비빔밥이 완성되지요. 영어 문장을 유창하게 만드는 과정도 바로 이러한 비빔밥을 만드는 과정과 비슷합니다.

비빔밥에서 가장 기본적인 메인 재료는 '밥'입니다. 영어 문장에서도 가장 기본적인 의도를 전달하는 메인 문장이 있는데, 이러한 메인 문장이 바로 '밥'에 해당됩니다. 그리고 이러한 메인 문장에 덧붙이는 '누구와, 어디서, 왜' 등의 추가적인 정보는 '반찬'에 해당되고, 마지막으로 문장 앞부분에 붙어서 문장을 한층 맛깔나게 만들어 주는 각종 '추임새'가 비빔밥의 풍미를 돋우는 '참기름'에 해당합니다. 이를 한눈에 보기 쉽게 정리하면 아래와 같습니다.

· 비빔밥 이론 ·

참기름		밥		반찬
추임새	+	메인 문장	+	추가적인 정보

▼

비빔밥
위의 3가지를 골고루 섞어 어우러지게 만든 문장

우리가 앞으로 배울 50가지 앞머리 표현 중 하나인 'I've been to'를 활용해 비빔밥 이론을 좀 더 자세히 살펴보겠습니다. 'I've been to'는 '나 ~에 가 본 적 있어'라는 뜻으로 쓰는 앞머리 표현입니다. 예를 들어, '나 뉴욕에 가 본 적 있어'라고 말하려면 'I've been to New York'이라고 하면 되는데요. 이 'I've been to'라는 앞머리 표현에 '비빔밥 이론'을 적용하여 문장을 점점 더 풍성하고 유창하게 말하는 과정을 살펴보면 아래와 같습니다.

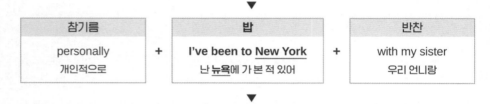

· 비빔밥 이론 적용 예시 ·

I've been to ~
나 ~에 가 본 적 있어.

▼

참기름		밥		반찬
personally	+	**I've been to New York**	+	with my sister
개인적으로		난 **뉴욕**에 가 본 적 있어		우리 언니랑

▼

비빔밥
Personally, I've been to New York with my sister.
개인적으로, 난 우리 언니랑 뉴욕에 가 본 적 있어.

무엇이든 '내가 성장하고 있다', '원하던 실력으로 나아가고 있다'라는 재미가 느껴져야 지속이 가능합니다. 단순하고 짧은 단어만 말하는 것에서 벗어나, 비빔밥 이론을 활용해 길고 유창한 느낌의 문장을 다양하게 말해 보세요. 이렇게 재미를 느끼며 반복해 나가다 보면 어느 순간 그저 '유창한 느낌'이 아닌 '실제 유창하게 말하고 있는 내 자신'을 발견하게 될 것입니다.

수시로 말하고, 듣고, 내 영어를 쑥쑥 키우는
영어 혼잣말 녹음하기

독학을 할 때 가장 아쉬운 점 한 가지는 스스로의 실력이 정말 늘고 있는지 제대로 알 수 없다는 점입니다. 정말 실력이 늘고 있다 하더라도 스스로 그 사실을 알지 못하면 확신을 가지고 계속 나아가기가 어렵기 때문인데요. 바로 이러한 문제를 해결할 수 있는 좋은 방법이 '녹음하기'입니다.

혼잣말로 영어 연습을 지속하던 어느 날, 대화 상대가 없으니 다소 심심한 느낌이 들어 녹음을 해 보기 시작했습니다. 단지 녹음 버튼 하나를 누른 것뿐인데 내 목소리가 녹음되고 있을 거라는 생각에 훨씬 더 집중해서 이야기를 풀어가게 되더군요. 또한 내가 말한 영어를 직접 들어 보는 과정을 통해 내가 영어로 말할 때 어려워하는 부분이 무엇인지, 영어 발음이 특히 좋은 부분과 반대로 어색한 부분은 어디인지 자가 체크가 가능하다는 장점도 있었습니다.

또한 녹음을 하다 보면 예전의 녹음본과 현재의 녹음본을 비교하며 들어 볼 수 있습니다. 과거와 현재를 비교해 들어 보지 않으면 실제 실력이 늘었다 하더라도 확인할 방법이 없기 때문에 이렇듯 과거와 현재의 녹음본을 비교해 들어 보면 그동안 성장한 자신의 실력에 스스로 뿌듯함을 느낄 수도 있습니다.

따라서 혼잣말을 녹음하는 것 자체로도 도움이 되지만 과거와 현재의 녹음본을 듣고 자신의 실력이 얼마만큼 늘었는지 확인하는 것 또한 매우 중요합니다. 녹음은 수시로 하면 되지만 그렇게 녹음한 녹음본을 듣고 자가 체크를 하면 좋을 시기를 정리하면 아래와 같이 총 3번으로 나눌 수 있습니다.

현재

3개월 후

1년 후

따라서 3개월 동안 이 책으로 50가지 앞머리 표현을 활용해 영어로 혼잣말을 하는 연습을 해 보고, 1년 동안 이 연습을 습관으로 만들어 보세요. 미리 휴대폰 캘린더에 녹음 날짜를 적어 놓고 녹음본의 변화를 체크해 보실 것을 추천합니다. 그렇다면 '현재'의 녹음본은 언제 만드는 게 좋을까요?

바로 이 글을 읽고 있는 지금입니다.

지금 바로 휴대폰 녹음 기능을 켜고, 아래의 질문에 대한 답변을 영어로 말하며 녹음해 주세요. 아직 성장하기 전의 녹음본이기 때문에 틀리는 것에 대한 부담감 없이 편하게 답변하시면 됩니다.

Recently, what are you obsessed with?
최근에, 뭐에 푹 빠져 있나요?

사람은 타인의 목소리는 자주 듣지만 자신의 목소리를 들을 일은 거의 없습니다. 이 때문에 처음 자신의 목소리를 들으면 무척 생소한 느낌이 들 수 있습니다. 제가 강사로 일할 때에도 수강생분들께 녹음을 요청 드리고는 했는데, 다들 스스로의 목소리를 듣는 것을 무척 어색해하셨던 기억이 납니다. 몇 번의 시도만으로도 금방 익숙해질 테니 여러분들도 꼭 녹음하기를 실천해 보시기 바랍니다.

자,

그럼 이제 본격적으로

하루 10분 영어 혼잣말의 기적을

시작해 볼까요?

Let's go!

Chapter

3

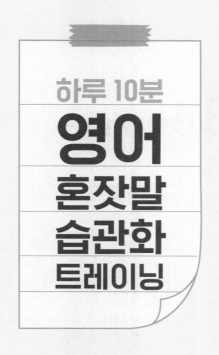

하루 10분
영어
혼잣말
습관화
트레이닝

200일 동안 50개 앞머리 표현으로 700개 비빔밥 영작 문장들을
바로 뱉고 녹음하는 영어 혼잣말 습관화를 통해
유학 없이 진짜 100% 유창해지는 기적을 내 것으로 만들기!

단어일 땐?

Be = ~이다

회화에선?

I've **Been** to ~

의미 난 ~에 가 본 적 있어.

발음 압빈-투 ~

친구들과 대화하다 '너 ~에 가 본 적 있어?'라는 질문을 받았을 때, 여기에 'I went to ~(나 ~에 갔어)'라고만 말하면 그냥 '과거에 그곳에 갔다'는 단순 사실만 전달할 뿐 '가 본 적이 있다'는 경험의 뉘앙스를 전달하기엔 살짝 아쉬울 수 있습니다. 이럴 때 사용할 수 있는 좋은 앞머리 표현이 바로 'I've been to ~'입니다. 그냥 '갔어'가 아니라 '가 본 적 있어'라는 경험의 뉘앙스를 품고 있는 아주 유용한 표현이니 입에 착! 붙여 놓으세요.

I've been to 장소/도시/나라. = 난 ~에 가 본 적 있어.

REC 바로 뱉고 녹음해 보기

MP3_001

연습 ① **I've been to** Shanghai.

난 상하이에 가 본 적 있어.

[어휘] Shanghai = (중국의 항구 도시) 상하이, 상해

연습 ② **I've been to** Mt. Halla.

난 한라산에 가 본 적 있어.

[어휘] Mt.(=Mount) Halla = 한라산

I've been to **New York.**

난 뉴욕에 가 본 적 있어.

🥄 오늘의 밥

I've been to 장소/도시/나라. = 난 _____에 가 본 적 있어.
→ **I've been to** New York. = 난 **뉴욕**에 가 본 적 있어.

✏️ 영작하기

① 나 베이징에 가 본 적 있어.
　　[힌트] Beijing = (중국의 수도) 베이징, 북경

② 나 강릉에 가 본 적 있어.
　　[힌트] '강릉'의 영어 명칭 → Gangneung

📋 내 문장 만들기

I've been to [_____].

REC 바로 뱉고 녹음하기

MP3_002

예문　　　I've been to New York.
영작 ①　I've been to Beijing.
영작 ②　I've been to Gangneung.

내 문장

I've been to New York with my sister.

난 언니랑 뉴욕에 가 본 적 있어.

🍴 오늘의 반찬

with + 사람 = ~와 (함께)

→ with my sister = 나의 언니/누나/여동생과 (함께)

✍️ 영작하기

① 난 가족들이랑 일본에 가 본 적 있어.

  [힌트] Japan = 일본 / my family = 나의 가족

② 난 내 절친이랑 대전에 가 본 적 있어.

  [힌트] '대전'의 영어 명칭 → Daejeon / my best friend = 나의 가장 친한 친구, 내 절친

📄 내 문장 만들기

I've been to [_____] with [_____].

REC 바로 뱉고 녹음하기

MP3_003

예문	I've been to New York with my sister.
영작 ①	I've been to Japan with my family.
영작 ②	I've been to Daejeon with my best friend.

내 문장

Personally,
I've been to New York
with my sister.

개인적으로, 난 언니랑 뉴욕에 가 본 적 있어.

🌢 오늘의 참기름

personally = 개인적으로

→ **Personally**, <u>I've been to ~</u> = 개인적으로, <u>난 ~에 가 본 적 있어.</u>

 ## 영작하기

① 개인적으로, 나는 친구랑 베트남에 가 본 적 있어.

[힌트] Vietnam = 베트남 / my friend = 나의 친구

② 개인적으로, 난 동료들이랑 부산에 가 본 적 있어.

[힌트] '부산'의 영어 명칭 → Busan / my colleague = 나의 (직장) 동료

📑 내 문장 만들기

Personally, I've been to [_____] with [_____].

REC 바로 뱉고 녹음하기

	예문	Personally, I've been to New York with my sister.
MP3_004	영작 ①	Personally, I've been to Vietnam with my friend.
	영작 ②	Personally, I've been to Busan with my colleagues.

내 문장 [   ]

단어일 땐?

Use = 사용하다

회화에선?

I **Us**ed to ~

의미 (한때) 난 ~했어(하곤 했어).

발음 아유-스투 ~

요즘엔 잘 하지 않더라도 예전엔 자주 하곤 했던 것들이 있을 수 있습니다. 가령 예전엔 운동을 자주 했는데 요즘엔 바빠서 잘 하지 못할 경우 '한때 난 운동을 하곤 했어'와 같이 말할 수 있고, 요즘엔 거의 안 가지만 예전엔 곧잘 갔던 곳을 떠올리며 '한때 난 ~에 자주 가곤 했어'와 같이 말할 수 있는데요. 이처럼 과거에 곧잘 했던 일들을 떠올리며 '그땐 그랬지'라는 뉘앙스로 말할 수 있는 앞머리 표현이 바로 'I used to ~'입니다.

I used to-동사원형. = (한때) 난 ~했어(하곤 했어).

REC **바로 뱉고 녹음해 보기**

MP3_005

연습 ① **I used to** collect stamps.

(한때) 난 우표를 모으곤 했어.

[어휘] collect = 모으다 / stamp = 우표

연습 ② **I used to** drink black coffee.

(한때) 난 블랙 커피를 마셨어.

[어휘] drink = 마시다 / black coffee = 블랙 커피

I used to **go to the gym.**

난 헬스장에 가곤 했어.

오늘의 밥

I used to-동사원형. = (한때) 난 ~했어(하곤 했어).

→ **I used to** <u>go</u> to the gym. = (한때) 난 **헬스장에** <u>가</u>곤 했어.

영작하기

① (한때) 난 아침을 거르곤 했어.

[힌트] skip = 건너뛰다, 거르다 / breakfast = 아침 식사

② (한때) 난 술을 많이 마셨어.

[힌트] drink = 마시다; 음주하다 / a lot = 많이

내 문장 만들기

I used to [_____].

 바로 뱉고 녹음하기

예문　　I used to go to the gym.
영작 ①　I used to skip breakfast.
영작 ②　I used to drink a lot.

MP3_006

내 문장 [   ]

I used to go to the gym every day.

난 매일 헬스장에 가곤 했어.

🍷 오늘의 반찬

every + 때 = 매 ~

→ **every** <u>day</u> = 매일 / **every** <u>요일</u> = 매(주) ~<u>요일(마다)</u>

✏️ 영작하기

① (한때) 난 매주 일요일마다 교회에 갔어.

   [힌트] church = 교회 / Sunday = 일요일

② (한때) 난 매 주말마다 농구를 하곤 했어.

   [힌트] play basketball = 농구를 하다 / weekend = 주말

📄 내 문장 만들기

I used to [_____] every [_____].

REC 바로 뱉고 녹음하기

MP3_007

예문	I used to go to the gym every day.
영작 ①	I used to go to church every Sunday.
영작 ②	I used to play basketball every weekend.

내 문장

Back then,
I used to go to the gym every day.

그 당시, 난 매일 헬스장에 가곤 했어.

💧 오늘의 참기름

back then = (과거) 그 당시(에)

→ **Back then,** I used to ~ = 그 당시(에), **난 ~했어(하곤 했어).**

✏️ 영작하기

① 그 당시, 난 매 여름마다 해운대 해수욕장에 갔어.

　[힌트] Haeundae Beach = 해운대 해수욕장 / summer = 여름

② 그 당시, 난 매주 금요일 밤마다 고전[오래된] 영화들을 봤어.

　[힌트] watch = 보다 / old movie = 오래된 영화 / Friday night = 금요일 밤

📄 내 문장 만들기

Back then, I used to [＿＿＿＿] every [＿＿＿＿].

REC 바로 뱉고 녹음하기

MP3_008

예문	Back then, I used to go to the gym every day.
영작 ①	Back then, I used to go to Haeundae Beach every summer.
영작 ②	Back then, I used to watch old movies every Friday night.
내 문장	

단어일 땐?

Get = 받다, 구하다; ~되다

회화에선?

It's **get**ting ~

의미 점점 ~해지네(~해지고 있어).

발음 이스**게**링 ~

그냥 '추워'가 아니라 '점점 추워지네', 그냥 '흥미로워'가 아니라 '점점 더 흥미로워지고 있어'와 같이 점점 변화하고 있는 상태를 강조하는 뉘앙스로 말하고 싶을 땐 'It's getting ~'이라는 앞머리 표현을 써서 말합니다. 이처럼 한끗 차이로 영어 실력을 달라 보이게 하는 것이 바로 '뉘앙스'까지 섬세하게 표현하는 능력입니다. 그러니 '점점 ~해지네(해지고 있어)'라는 뉘앙스의 오늘의 표현! 입에 착 붙여 두고 잘 써먹어 보세요.

It's getting 형용사. = 점점 ~해지네(~해지고 있어).

REC **바로 뱉고 녹음해 보기**

MP3_009

연습 ① **It's getting** cold.

점점 추워지네.
[어휘] cold = 추운, 차가운

연습 ② **It's getting** more interesting.

점점 더 흥미로워지고 있어.
[어휘] more interesting = 더 재미있는[흥미로운]

It's getting more expensive.

점점 더 비싸지고 있어.

🥄 오늘의 밥

It's getting 형용사. = 점점 ~해지네(~해지고 있어).

→ It's getting <u>more expensive</u>. = 점점 <u>더 비싸</u>지고 있어.

✏️ 영작하기

① 점점 더 악화되고 있어.

[힌트] bad = 나쁜 → worse = 더 나쁜

② 점점 더 복잡해지고 있어.

[힌트] complicated = 복잡한 → more complicated = 더 복잡한

📄 내 문장 만들기

It's getting [_____].

REC 바로 뱉고 녹음하기

MP3_010

예문　It's getting more expensive.
영작 ①　It's getting worse.
영작 ②　It's getting more complicated.

내 문장

It's getting more expensive
to purchase things.

물건 사는 게 점점 더 비싸지고 있어.

🎧 오늘의 반찬

It's getting 형용사 to-동사원형. = ~하기가(~하는 게) 점점 ~해지네.
→ **to purchase** things = 물건들을 사기가(사는 게)

✏️ 영작하기

① 일찍 일어나기가 점점 더 힘들어지네.

[힌트] harder = 더 힘든 / wake up = 일어나다 / early = 일찍

② 한국에서 아이들을 키우는 게 점점 더 어려워지고 있어.

[힌트] tougher = 더 어려운 / raise <u>children</u> = <u>아이들을</u> 키우다

📄 내 문장 만들기

It's getting [_____] to [_____].

REC 바로 뱉고 녹음하기

MP3_011

예문 It's getting more expensive
to purchase things.

영작 ① It's getting harder
to wake up early.

영작 ② It's getting tougher
to raise children in Korea.

내 문장

I feel like
it's getting more expensive to purchase things.

물건 사는 게 점점 더 비싸지고 있는 것 같아.

 오늘의 참기름

I feel like + 문장. = 내 느낌에 ~야. → ~인 것 같아.

→ I feel like <u>it's getting ~</u> = 내 느낌에 **점점 ~해지네.** → 점점 ~해지는 것 같아.

✎ **영작하기**

① 개인 정보를 찾는 게 점점 더 쉬워지는 것 같아.

　[힌트] easier = 더 쉬운 / find personal information = 개인 정보를 찾다

② 서로 만나기가 점점 더 힘들어지는 것 같아.

　[힌트] more difficult = 더 힘든 / meet each other = 서로 만나다

📋 **내 문장 만들기**

I feel like it's getting [＿＿＿＿＿] to [＿＿＿＿＿].

REC **바로 뱉고 녹음하기**

MP3_012

예문　I feel like
　　　it's getting more expensive to purchase things.

영작 ①　I feel like
　　　it's getting easier to find personal information.

영작 ②　I feel like
　　　it's getting more difficult to meet each other.

내 문장

단어일 땐?

Go = 가다

회화에선?

I'm going to ~

의미 나 ~할 거야.

발음 암고잉투 ~

'나 ~할 거야'를 영어로 말할 때 떠오르는 대표적인 앞머리 표현엔 'I will ~ / I'm going to ~' 이 두 가지가 있는데요. 이 중 'I'm going to ~'는 친구들과 저녁에 만날 약속을 잡아 놨다든 가, 일을 마치고 어디에 갈 생각을 해 놨다든가, 아니면 미래에 어떤 일을 하겠다는 계획을 세워 놓았다든가, 이처럼 '내 나름대로의 일정/계획'이 있을 경우 이것을 '할 거야'라는 뉘앙 스로 말할 때 쓰는 표현입니다. 아주 유용한 표현이니 꼭 익혀 두세요!

I'm going to-동사원형. = 나 ~할 거야.

REC **바로 뱉고 녹음해 보기**

MP3_013

연습 ① **I'm going to** move soon.

나 곧 이사 갈 거야.

[어휘] move = 이사를 가다 / soon = 곧

연습 ② **I'm going to** have dinner at home.

나 집에서 저녁 먹을 거야.

[어휘] have dinner = 저녁을 먹다 / at home = 집에서

I'm going to **take a gap year.**

나 1년간 쉴 거야.

🥄 오늘의 밥

I'm going to-동사원형. = 나 ~할 거야.

→ **I'm going to** <u>take</u> a gap year. = 나 1년의 갭이어(휴식)를 <u>취</u>할 거야.

✒️ 영작하기

① 나 운전하는 걸 배울 거야.

　[힌트] learn = 배우다 / how to-동사원형 = ~하는 법 / drive = 운전하다

② 나 저녁으로 피자 시킬 거야.

　[힌트] order = 시키다, 주문하다 / for dinner = 저녁 식사로, 저녁으로

📄 내 문장 만들기

I'm going to [_____].

REC 바로 뱉고 녹음하기

MP3_014

예문　I'm going to take a gap year.
영작 ①　I'm going to learn how to drive.
영작 ②　I'm going to order a pizza for dinner.

내 문장

I'm going to take a gap year after college.

나 대학 졸업한 다음 1년간 쉴 거야.

오늘의 반찬

before/after + 명사 = ~전/후에
→ after **college** = 대학 후에 → 대학 졸업한 다음

영작하기

① 나 자기 전에 샤워할 거야.

[힌트] take a shower = 샤워하다 / before bed = 취침[잠자기] 전에

② 나 퇴근 후에 소개팅 할 거야.

[힌트] do a blind date = 소개팅을 하다 / after work = 퇴근 후에

내 문장 만들기

I'm going to [_____] before/after [_____].

REC 바로 뱉고 녹음하기

MP3_015

예문   I'm going to take a gap year after college.

영작 ① I'm going to take a shower before bed.

영작 ② I'm going to do a blind date after work.

내 문장

I'll tell you what,
I'm going to take a gap year after college.

있잖아, 나 대학 졸업한 다음 1년간 쉴 거야.

🔵 오늘의 참기름

I'll tell you what = 이거 말해 줄까, 있잖아

→ **I'll tell you what, I'm going to ~** = 있잖아, 나 ~할 거야.

✏️ 영작하기

① 있잖아, 나 여름 오기 전에 살 뺄 거야.

　[힌트] lose weight = 살을 빼다 / before summer = 여름 (오기) 전에

② 있잖아, 나 퇴근 후 그녀에게 저녁을 대접할 거야.

　[힌트] take 사람 to dinner = ~을 저녁 식사에 모시다

📋 내 문장 만들기

I'll tell you what, I'm going to [_____] before/after [_____].

REC 바로 뱉고 녹음하기

MP3_016

예문　I'll tell you what,
　　　I'm going to take a gap year after college.

영작 ①　I'll tell you what,
　　　I'm going to lose weight before summer.

영작 ②　I'll tell you what,
　　　I'm going to take her to dinner after work.

내 문장

단어일 땐?

Suppose = 추정하다, 가정하다

회화에선?

I'm su**pp**osed to ~

의미 나 ~해야 돼(하기로 돼 있어).

발음 암써**포**-스투 ~

내가 '하기로 예정된/약속된/계획된 일'이나 '해야 할 일/의무' 등을 떠올리며 '나 ~해야 돼 (하기로 돼 있어)'라는 뉘앙스로 말할 때 쓰는 앞머리 표현이 바로 'I'm supposed to ~'입니다. 이 표현은 단순히 사전적 뜻만 봐선 이해가 쉽지 않기 때문에 위와 같이 뉘앙스를 세세히 파악해 둬야 하고, 또한 이 표현은 외국인들이 입에 달고 사는 대표적 표현 중 하나이며 미드 에서도 굉장히 흔하게 등장하기 때문에 입에 착! 붙여 두셔야 합니다.

I'm supposed to-동사원형. = 나 ~해야 돼(하기로 돼 있어).

REC 바로 뱉고 녹음해 보기

MP3_017

연습 ① **I'm supposed to** go now.

나 지금 가야 돼.

[어휘] go = 가다 / now = 지금

연습 ② **I'm supposed to** meet him tomorrow.

나 내일 그분을 만나기로 돼 있어.

[어휘] meet+사람 = ~을 만나다 / tomorrow = 내일

I'm supposed to **send** an e-mail to Paul.

나 Paul한테 이메일 보내야 돼.

오늘의 밥

I'm supposed to–동사원형. = 나 ~해야 돼(하기로 돼 있어).

→ **I'm supposed to** <u>send</u> an e-mail to Paul. = 나 Paul한테 이메일 <u>보내</u>야 돼.

영작하기

① 나 그분(남자)을 모시고 오기로 돼 있어.

   [힌트] pick 사람 up = ~을 데리고[모시고] 오다

② 나 집에 바로 가야 돼.

   [힌트] go (straight) home = 집에 (바로) 가다

내 문장 만들기

I'm supposed to [_____].

REC 바로 뱉고 녹음하기

MP3_018

예문   I'm supposed to send an e-mail to Paul.
영작 ①   I'm supposed to pick him up.
영작 ②   I'm supposed to go straight home.

내 문장

I'm supposed to send an e-mail to Paul by 6 p.m.

나 Paul한테 오후 6시까지 이메일 보내야 돼.

오늘의 반찬

by + 시각 = ~시까지 / at + 시각 = ~시에 / in +시간 = ~시간 후에
→ **by** 6 p.m. = 오후 6시까지

영작하기

① 나 오후 3시 30분까지 일을 끝내야 돼.
  [힌트] finish = 끝내다 / work = 일, 업무

② 나 1시간 후에 그분(남자)을 만나기로 돼 있어.
  [힌트] meet+사람 = ~을 만나다 / an hour = 1시간

내 문장 만들기

I'm supposed to [_____] by/at/in [_____].

REC 바로 뱉고 녹음하기

MP3_019

예문 I'm supposed to send an e-mail to Paul **by 6 p.m.**

영작 ① I'm supposed to finish the work **by 3:30 p.m.**

영작 ② I'm supposed to meet him **in an hour.**

내 문장

Actually,
I'm supposed to send
an e-mail to Paul by 6 p.m.

실은, 나 Paul한테 오후 6시까지 이메일 보내야 돼.

💧 오늘의 참기름

actually = 사실, 실은

→ **Actually,** I'm supposed to ~ = 사실[실은], 나 ~해야 돼(하기로 돼 있어).

✏️ 영작하기

① 실은, 나 오후 2시까지 숙제를 끝내야 돼.

    [힌트] finish = 끝내다 / homework = 숙제

② 실은, 나 오후 3시에 그분(여자)을 공항에서 모시고 오기로 돼 있어.

    [힌트] pick 사람 up = ~을 데리고[모시고] 오다 / at the airport = 공항에서

📄 내 문장 만들기

Actually, I'm supposed to [_____] by/at/in [_____].

 바로 뱉고 녹음하기

MP3_020

예문   Actually,
            I'm supposed to send an e-mail to Paul by 6 p.m.

영작 ①   Actually,
            I'm supposed to finish the homework by 2 p.m.

영작 ②   Actually,
            I'm supposed to pick her up at the airport at 3 p.m.

내 문장

■ 단어일 땐?

Up = 위에, 위쪽에

■ 회화에선?

It's up to ~

의미 그건 ~ 마음이야(~에 달려 있어).

발음 잇츠**업**-투 ~

'그건 ~(라는 사람의) 마음이야, 그건 ~(라는 사람)에 달려 있어'라는 말은 한국어로도 흔히 하는 말 중 하나입니다. 이 표현을 영어로 옮길 땐 'It's up to ~'라는 앞머리 표현을 써서 말하는데, 여기서 포인트는 이 표현에서 언급되는 사람이 '어떠한 것을 행하는 데 있어 생각을 하고 결단을 내릴 수 있는 주체'여야 한다는 점입니다. 따라서 'It's up to ~'라는 표현 뒤엔 결정을 내리는 '주체'가 되는 사람이 오는 경우가 많습니다.

It's up to 사람. = 그건 ~ 마음이야(~에 달려 있어).

REC **바로 뱉고 녹음해 보기**

MP3_021

연습 ① **It's up to** the CEO.

그건 CEO 마음이야.

[어휘] CEO = 최고 경영자 (Chief Executive Officer)

연습 ② **It's up to** the player.

그건 선수에게 달려 있어.

[어휘] player = (게임, 경기의) 선수

It's up to **you**.

그건 당신에게 달려 있어요.

오늘의 밥

It's up to 사람. = 그건 ~ 마음이야(~에 달려 있어).
→ **It's up to** <u>you</u>. = 그건 <u>당신</u> 마음이에요(<u>당신</u>에게 달려 있어요).

영작하기

① 그건 그 사람(여자)에게 달려 있어.
  [힌트] her = 그녀 (한국어로는 '그 사람, 그분, 걔'라고 해석 가능)

② 그건 주인장 마음이야.
  [힌트] owner = 주인, 소유주

내 문장 만들기

It's up to [_____].

 ## 바로 뱉고 녹음하기

예문　　It's up to you.
영작 ①　It's up to her.
영작 ②　It's up to the owner.

MP3_022

내 문장

It's up to you
to run the company.

회사 운영은 당신에게 달려 있어요.

오늘의 반찬

It's up to ~ to-동사원형. = ~하는 건 ~ 마음이야(~에 달려 있어).
[예문 속 표현] **run** = 운영하다. / **company** = 회사

영작하기

① 환경을 돌보는 건 우리에게 달려 있어.
  [힌트] look after+명사 = ~을 돌보다 / environment = 환경

② 아이들에게 옳고 그름을 가르치는 건 부모에게 달려 있어.
  [힌트] teach 사람 A = ~에게 A를 가르치다 / right from wrong = 옳고 그름을 가리는 것

내 문장 만들기

It's up to [_____] to [_____].

REC 바로 뱉고 녹음하기

MP3_023

예문	It's up to you to run the company.
영작 ①	It's up to us to look after the environment.
영작 ②	It's up to parents to teach their kids right from wrong.
내 문장	

Honestly,
it's up to you
to run the company.

솔직히, 회사 운영은 당신에게 달려 있어요.

💧 오늘의 참기름

honestly = 솔직히

→ **Honestly,** it's up to ~ = 솔직히, ~ 마음이야(~에 달려 있어).

✏️ 영작하기

① 솔직히, 최종 결정을 내리는 건 그 사람(남자)에게 달려 있어.

[힌트] make the final decision = 마지막(최종) 결정을 내리다

② 솔직히, 좋은 영화를 만드는 건 감독에게 달려 있어.

[힌트] director = 감독 / make = 만들다 / good movie = 좋은 영화

📋 내 문장 만들기

Honestly, it's up to [_____] to [_____].

REC 바로 뱉고 녹음하기

MP3_024

예문	Honestly, it's up to you to run the company.
영작 ①	Honestly, it's up to him to make the final decision.
영작 ②	Honestly, it's up to the director to make a good movie.

내 문장

단어일 땐?

Down = 아래로, 아래에

회화에선?

I'm **down** for ~

의미 난 ~에 찬성이야. / 나도 같이 ~ 할래.

발음 암다운폴 ~

여러 명이 모인 상황에서 누군가 어떤 아이디어를 냈을 때 '찬성과 반대', 이렇게 두 가지로 의견이 갈릴 수 있습니다. 이때 '(네가 낸 그 의견에) 난 찬성이야, (네가 하자고 제안한 거) 나도 같이 할래'와 같이 말하고 싶을 경우 'I'm down for ~'라는 앞머리 표현을 쓸 수 있습니다. 'I'm down for ~' 뒤에 찬성하는 대상을 넣기만 하면 되죠. 'I want to ~, I agree ~'보다 훨씬 간단하고 실전 회화에 가까운 표현이니 꼭 익혀 두고 써먹어 보세요.

I'm down for (동)명사. = 난 ~에 찬성이야. / 나도 같이 ~ 할래.

REC 바로 뱉고 녹음해 보기

MP3_025

연습 ① **I'm down for** the project.

밑줄 난 그 프로젝트 찬성이야.

[어휘] project = 프로젝트

연습 ② **I'm down for** dinner.

밑줄 나도 같이 저녁 먹을래.

[어휘] dinner = 저녁 (식사)

I'm down for it.

난 그거 찬성이야.

 오늘의 밥

I'm down for (동)명사. = 난 ~에 찬성이야. / 나도 같이 ~ 할래.
→ **I'm down for it.** = 난 <u>그거</u>(에) 찬성이야. / 나도 같이 <u>그거</u> 할래.

영작하기

① 난 피자 (먹는 거) 찬성이야.
  [힌트] pizza = 피자

② 난 볼링 치러 가는 거 찬성이야.
  [힌트] go bowling = 볼링을 치러 가다

내 문장 만들기

I'm down for [_____ **].**

REC **바로 뱉고 녹음하기**

[QR code] MP3_026

예문	I'm down for it.
영작 ①	I'm down for pizza.
영작 ②	I'm down for going bowling.

내 문장 [   ]

I'm down for it
no matter what the others say.

다른 사람들이 뭐라고 말하든 난 그거 찬성이야.

오늘의 반찬

no matter what <u>the others</u> + 동사 = <u>다른 사람들이</u> 뭘(뭐라고) ~하든
→ **no matter what** <u>the others say</u> = <u>다른 사람들이</u> 뭘(뭐라고) <u>말하</u>든

영작하기

① 다른 사람들이 뭘 좋아하든 난 갈비 (먹는 거) 찬성이야.
　[힌트] like = 좋아하다

② 다른 사람들이 뭐라고 말했든 난 회의 (하는 거) 찬성이야.
　[힌트] meeting = 회의 / say = 말하다 [과거형은 said]

내 문장 만들기

I'm down for [＿＿＿＿＿] no matter what [＿＿＿＿＿].

바로 뱉고 녹음하기

MP3_027

예문　I'm down for it
　　　no matter what the others say.

영작 ①　I'm down for Galbi
　　　no matter what the others like.

영작 ②　I'm down for the meeting
　　　no matter what the others said.

내 문장

Sure,
I'm down for it
no matter what the others say.

어, 다른 사람들이 뭐라고 말하든 난 그거 찬성이야.

오늘의 참기름

sure = 물론, (진짜로) 어
→ Sure, I'm down for ~ = 어, 난 ~에 찬성이야. / 어, 나도 같이 ~ 할래.

영작하기

① 어, 다른 사람들이 뭐라고 생각하든 난 소풍 (가는 거) 찬성이야.

[힌트] picnic = 소풍 / think = 생각하다

② 어, 다른 사람들이 뭐라고 생각하든 난 그 프로젝트 찬성이야.

[힌트] project = 프로젝트

내 문장 만들기

Sure, I'm down for [_____] no matter what [_____].

REC 바로 뱉고 녹음하기

MP3_028

예문		Sure, I'm down for it no matter what the others say.
영작 ①		Sure, I'm down for the picnic no matter what the others think.
영작 ②		Sure, I'm down for the project no matter what the others think.

내 문장

단어일 땐?

Head = 머리; 가다, 향하다

회화에선?

I'm heading to ~

의미 나 ~(에) 가고 있어.

발음 암해딩투 ~

'Head'에 '머리'라는 뜻만 있다고 알고 있다면 오늘의 표현이 좀 생소할 수도 있습니다. 'Head'에는 '머리' 외에 '가다, 향하다'라는 뜻도 있기 때문에 'I'm heading to ~'라고 하면 '나 지금 ~(에) 가고 있어'라는 앞머리 표현이 됩니다. 'I'm heading to ~' 뒤에 내가 가고 있는 다양한 목적지를 넣어 말하면 되겠죠? 참고로 '나 어디 (좀) 가고 있어'라고 말할 땐 'I'm heading to somewhere'라고 하면 됩니다. 유용한 표현이니 꼭 입에 붙여 두세요!

I'm heading to 장소. = 나 ~(에) 가고 있어.

REC 바로 뱉고 녹음해 보기

MP3_029

연습 ① **I'm heading to** the supermarket.

나 슈퍼마켓 가고 있어.

[어휘] supermarket = 슈퍼마켓

연습 ② **I'm heading to** my company.

나 회사 가고 있어.

[어휘] my company = 나의 회사

I'm heading to the Han River Park.

나 한강 공원 가고 있어.

오늘의 밥

I'm heading to 장소. = 나 ~(에) 가고 있어.
→ **I'm heading to** the Han River Park. = 나 한강 공원(에) 가고 있어.

영작하기

① 나 도서관 가고 있어.
   [힌트] library = 도서관

② 나 편의점 가고 있어.
   [힌트] convenience store = 편의점

내 문장 만들기

I'm heading to [_____].

REC 바로 뱉고 녹음하기

MP3_030

예문	I'm heading to the Han River Park.
영작 ①	I'm heading to the library.
영작 ②	I'm heading to the convenience store.

내 문장

I'm heading to the Han River Park for jogging.

나 조깅하러 한강 공원 가고 있어.

오늘의 반찬

for (동)명사 = ~을 위해 → ~하러
→ for <u>jogging</u> = 조깅을 위해 → 조깅하러

✎ 영작하기

① 나 커피를 위해(→ 커피 마시러) 카페 가고 있어.
[힌트] cafe = 카페 / coffee = 커피

② 나 장보기를 위해(→ 장보러) 시장 가고 있어.
[힌트] market = 시장 / grocery shopping = 장보기

🖹 내 문장 만들기

I'm heading to [_____] for [_____].

REC 바로 뱉고 녹음하기

MP3_031

예문	I'm heading to the Han River Park for jogging.
영작 ①	I'm heading to the cafe for coffee.
영작 ②	I'm heading to the market for grocery shopping.

내 문장

Actually,
I'm heading to the Han River Park for jogging.

실은, 나 조깅하러 한강 공원 가고 있어.

오늘의 참기름

actually = 사실, 실은

→ **Actually,** I'm heading to ~ = 사실[실은], 나 ~(에) 가고 있어.

영작하기

① 실은, 나 신발 사러 쇼핑몰에 가고 있어.

[힌트] shopping mall = 쇼핑몰 / shoe shopping = 신발 쇼핑

② 실은, 나 회사 미팅하러 카페에 가고 있어.

[힌트] cafe = 카페 / company meeting = 회사 미팅

내 문장 만들기

Actually, I'm heading to [_____] for [_____].

REC 바로 뱉고 녹음하기

예문	**Actually,** I'm heading to the Han River Park for jogging.	
영작 ①	**Actually,** I'm heading to the shopping mall for shoe shopping.	
영작 ②	**Actually,** I'm heading to the cafe for a company meeting.	

MP3_032

내 문장

▶ **단어일 땐?**

Like = 좋아하다

▶ **회화에선?**

I'd **like** to ~

의미 나 ~하면 좋겠어(해 보고 싶어).

발음 아들라익투 ~

'나 ~하고 싶어, 나 ~할래'라는 뜻의 'I want to ~'라는 표현은 많이들 알고 계실 텐데, 이 표현은 '다소 직접적인 강한 뉘앙스'로 원하는 것을 확고히 전달하는 느낌이 있습니다. 만약 좀 더 부드러운 뉘앙스로 '나 ~해 보고 싶어, 나 ~하면 좋겠어'라고 에둘러 말하고 싶다면 'I'd like to ~'라는 앞머리 표현을 쓸 수 있습니다. 'I want to ~'와 전달하는 의미나 맥락은 같지만 좀 더 완곡한 뉘앙스로 의사를 전달하는 표현이라 보시면 됩니다.

I'd like to-동사원형. = 나 ~하면 좋겠어(해 보고 싶어).

REC **바로 뱉고 녹음해 보기**

MP3_033

연습 ① **I'd like to** buy a new jacket.

나 새 자켓을 사면 좋겠어.

[어휘] buy = 사다 / new jacket = 새 자켓

연습 ② **I'd like to** learn Spanish.

나 스페인어를 배워 보고 싶어.

[어휘] learn = 배우다 / Spanish = 스페인어; 스페인 사람

I'd like to **go somewhere new.**

나 새로운 곳에 가 보고 싶어.

🥄 오늘의 밥

I'd like to-동사원형. = 나 ~하면 좋겠어(해 보고 싶어).

→ **I'd like to** <u>go</u> somewhere new. = 나 새로운 어딘가(곳)에 **가** 보고 싶어.

✏️ 영작하기

① 나 낚시를 해 보고 싶어.

　[힌트] try+(동)명사 = ~을 시도하다[해 보다] / fishing = 낚시

② 나 중국어를 배워 보고 싶어.

　[힌트] learn = 배우다 / Chinese = 중국어; 중국인

📄 내 문장 만들기

I'd like to [_____ **].**

REC 바로 뱉고 녹음하기

예문　　I'd like to go somewhere new.

영작 ①　I'd like to try fishing.

영작 ②　I'd like to learn Chinese.

MP3_034

내 문장

I'd like to go somewhere new
with my old friends.

나 오랜 친구들이랑 새로운 곳에 가 보고 싶어.

🥄 오늘의 반찬

with + 사람 = ~와 (함께)

→ with <u>my old friends</u> = <u>나의 오래된(오랜) 친구들</u>과 (함께)

✏️ 영작하기

① 나 우리 가족들이랑 여행하면 좋겠어.

[힌트] travel = 여행하다 / my family = 나의(우리) 가족

② 나 우리 강아지랑 해변에 가 보고 싶어.

[힌트] beach = 해변 / my puppy = 나의(우리) 강아지

📄 내 문장 만들기

I'd like to [_____] with [_____].

REC 바로 뱉고 녹음하기

MP3_035

예문	I'd like to go somewhere new with my old friends.
영작 ①	I'd like to travel with my family.
영작 ②	I'd like to go to the beach with my puppy.
내 문장	

Sometime soon,
I'd like to go somewhere new with my old friends.

조만간, 나 오랜 친구들이랑 새로운 곳에 가 보고 싶어.

🔵 오늘의 참기름

sometime soon = 조만간

→ **Sometime soon,** I'd like to ~ = 조만간, 나 ~하면 좋겠어(~해 보고 싶어).

✏️ 영작하기

① 조만간, 너랑 해외 여행을 가 보고 싶어.

[힌트] travel abroad = 해외로 여행을 가다

② 조만간, 내 친구들과 깊은 대화를 나눠 보고 싶어.

[힌트] have (deep) conversations = (깊은) 대화를 하다[나누다]

📄 내 문장 만들기

Sometime soon, I'd like to [_____] with [_____].

REC 바로 뱉고 녹음하기

MP3_036

예문　Sometime soon,
　　　I'd like to go somewhere new with my old friends.

영작 ①　Sometime soon,
　　　I'd like to travel abroad with you.

영작 ②　Sometime soon,
　　　I'd like to have deep conversations with my friends.

내 문장

단어일 땐?

Think = 생각하다

회화에선?

I **don't** think ~

의미 난 ~라 생각하지 않아.

발음 아**론**띵 ~

영어에서는 '그건 아니야, 그건 별로야'와 같이 부정적 의견을 직접적으로 내비치기보다는 '난 그렇게 생각하지 않아, 난 그건 아니라고 봐'와 같이 우회적으로 의견을 드러내는 경우가 많습니다. 위에 소개된 'I don't think ~'라는 앞머리 표현에서 'don't think'가 '생각하지 않는 다'라고 해석된다 하여 이것이 '내게 아무 생각도 없다'는 뜻으로 풀이해선 안 되며, '내 생각 은 좀 달라, 내 보기엔 아닌 것 같아'라는 뉘앙스로 해석되어야 합니다.

I don't think 문장. = 난 ~라 생각하지 않아.

REC **바로 뱉고 녹음해 보기**

MP3_037

연습 ① **I don't think** you're wrong.

난 네가 틀렸다고 <u>생각하지 않아</u>.
[어휘] wrong = 틀린, 잘못된

연습 ② **I don't think** she likes me.

난 걔(여자)가 날 좋아한다고 <u>생각하지 않아</u>.
[어휘] like+사람 = ~을 좋아하다

I don't think **I should keep this job.**

난 내가 이 일을 계속해야 한다고 생각하지 않아.

🥄 오늘의 밥

I don't think 문장. = 난 ~라 생각하지 않아.
[예문 속 표현] **I should + 동사원형** = 난 ~해야 한다 / **keep** = 유지[계속]하다

✏️ 영작하기

① 난 걔(남자)가 나랑 말하고 싶어 할 거라 생각하지 않아.
  [힌트] want to-동사원형 = ~하고 싶어 하다 / talk to 사람 = ~에게 말하다

② 난 이 식당이 질 좋은 음식을 제공한다고 생각하지 않아.
  [힌트] restaurant = 식당 / serve = 제공하다 / quality food = 질 좋은 음식

📄 내 문장 만들기

I don't think [_____ **].**

REC 바로 뱉고 녹음하기

MP3_038

예문   I don't think I should keep this job.
영작 ①   I don't think he wants to talk to me.
영작 ②   I don't think this restaurant serves quality food.

내 문장

I don't think I should keep this job due to the poor pay.

난 박봉 때문에 내가 이 일을 계속해야 한다고 생각하지 않아.

오늘의 반찬

due to + 명사 = ~때문에

→ **due to** <u>the poor pay</u> = <u>박봉(쥐꼬리만한 월급) 때문에</u>

영작하기

① 난 악천후 때문에 우리가 오늘 떠날 수 있을 거라 생각하지 않아.

[힌트] leave = 떠나다, 출발하다 / bad weather = 나쁜 날씨, 악천후

② 난 무례한 접수 담당자 때문에 호텔 서비스가 좋다고 생각하지 않아.

[힌트] rude = 무례한 / receptionist = 접수 담당자, 안내원

내 문장 만들기

I don't think [_____] due to [_____].

바로 뱉고 녹음하기

MP3_039

예문	I don't think I should keep this job **due to the poor pay.**
영작 ①	I don't think we can leave today **due to the bad weather.**
영작 ②	I don't think the hotel service is good **due to the rude receptionist.**

내 문장

DAY 040

Unfortunately, I don't think I should keep this job due to the poor pay.

불행히도, 난 박봉 때문에 내가 이 일을 계속해야 한다고 생각하지 않아.

 오늘의 참기름

unfortunately = 불행히도, 안타깝게도

→ Unfortunately, I don't think ~ = 불행히도[안타깝게도], 난 ~라 생각하지 않아.

영작하기

① 안타깝게도, 난 그가 게으름 때문에 직장을 구할 수 있을 거라 생각하지 않아.

　　[힌트] get the job = 직장을 구하다 / his laziness = 그의 게으름

② 불행히도, 교통 체증 때문에 내가 정시에 도착할 수 있을 거라 생각하지 않아.

　　[힌트] make it = 도착하다 / on time = 정시에 / heavy traffic = 교통 체증

내 문장 만들기

Unfortunately, I don't think [＿＿＿＿＿] due to [＿＿＿＿＿].

REC **바로 뱉고 녹음하기**

MP3_040

예문　Unfortunately,
　　　I don't think I should keep this job due to the poor pay.

영작 ①　Unfortunately,
　　　I don't think he can get the job due to his laziness.

영작 ②　Unfortunately,
　　　I don't think I can make it on time due to the heavy traffic.

내 문장

83

단어일 땐?

There = 거기(에), 그곳(에)

회화에선?

There is a ~

의미 ~이/가 있어.

발음 데얼이져 ~

누군가 펜을 찾고 있다고 가정해 봅시다. 만약 내가 펜이 어디 있는지 알고 있을 경우 그 사람에게 '(저기에) 펜 있어'라고 말할 수 있겠죠? 이렇게 무언가 '있다'고 말할 땐 앞머리 표현 'There is a ~'를 써서 말합니다. 단, 2개 이상의 대상이 있다고 말할 땐 'There are ~'이라고 하는데 보통 'There is a ~'를 쓰는 경우가 더 많습니다. 또한, 이 표현은 눈에 보이는 대상뿐 아니라 '문제, 고민, 경기'와 같은 개념이 있다고 말할 때에도 쓸 수 있습니다.

There is a 단수 명사. = ~이/가 있어.

REC **바로 뱉고 녹음해 보기**

MP3_041

연습 ① **There is a** pen.

(저기에) 펜 있어.

[어휘] pen = 펜

연습 ② **There is a** problem.

문제가 있어.

[어휘] problem = 문제

There is a coffee shop.

(저기에) 커피숍이 있어.

오늘의 밥

There is a 단수 명사. = ~이/가 있어.

→ **There is a** <u>coffee shop</u> = <u>커피숍</u>이 있어.

영작하기

① (저기에) 중식당이 있어.

[힌트] Chinese restaurant = 중식당

② 큰 차이점이 있어.

[힌트] big = 큰 / difference = 다름, 차이(점)

내 문장 만들기

There is a [_____].

바로 뱉고 녹음하기

예문	There is a coffee shop.
영작 ①	There is a Chinese restaurant.
영작 ②	There is a big difference.

MP3_042

내 문장

There is a coffee shop
in front of the station.

역 앞에 커피숍이 있어.

🔊 오늘의 반찬

in front of + 장소 = ~앞에 → **in front of** <u>the station</u> = **역** 앞에
near + 장소 = ~근처에 / **between** A and B = A와 B 사이에

✏️ 영작하기

① 우리 사무실 근처에 좋은 식당이 있어.
　[힌트] good restaurant = 좋은 식당 / my office = 나의(우리) 사무실

② 한국과 일본 간 축구 시합이 있어.
　[힌트] soccer match = 축구 시합[경기] / Korea = 한국 / Japan = 일본

📄 내 문장 만들기

There is a [＿＿＿＿＿＿＿＿＿] [＿＿＿＿＿＿＿＿＿].

REC 바로 뱉고 녹음하기

MP3_043

예문	There is a coffee shop in front of the station.	
영작 ①	There is a good restaurant near my office.	
영작 ②	There is a soccer match between Korea and Japan.	

내 문장

Look,
there is a coffee shop
in front of the station.

봐, 역 앞에 커피숍이 있어.

🔹 오늘의 참기름

look = (어떤 대상을 가리키며) 봐
→ **Look,** <u>there is a ~</u> = 봐, <u>~이/가 있어.</u>

✏️ 영작하기

① 봐, 건물 옆에 택시 승강장이 있어.

[힌트] taxi stand = 택시 승강장 / next to+장소 = ~옆에 / building = 건물

② 봐, A석 옆에 빈 좌석이 있어.

[힌트] empty seat = 빈 좌석, 공석 / seat A = A 좌석, A석

📄 내 문장 만들기

Look, there is a [_____] [_____].

 바로 뱉고 녹음하기

MP3_044

예문   Look,
there is a coffee shop in front of the station.

영작 ①   Look,
there is a taxi stand next to the building.

영작 ②   Look,
there is an empty seat next to the seat A.

내 문장

87

단어일 땐?

If = 만약 ~면

회화에선?

what **if** ~?

의미 만약 ~면 어떨까(어떻게 될까)?

발음 와립 ~?

'What if ~?'는 일어나지 않은 상황을 상상하며 '만약 ~(라는 상황이 되)면 어떨까?'라고 말할 때 쓰는 앞머리 표현입니다. 이때, 'What if ~?' 뒤에 '과거형 문장'을 써서 말하면 '일어날 가능성이 매우 희박하거나 아예 없는 상황'을 상상하며 말하는 내용이 되고, '현재형 문장'을 써서 말하면 '실제로 일어날 가능성이 있는 상황'을 상상하며 말하는 내용이 됩니다. 따라서 자신이 말하고자 하는 상황에 맞는 시제의 문장을 써서 말하면 되겠죠?

What if 문장? = 만약 ~면 어떨까(어떻게 될까)?

REC 바로 뱉고 녹음해 보기

MP3_045

연습 ① **What if** I won the lottery?

만약 내가 복권에 당첨된다면 <u>어떨까</u>?
[어휘] win the lottery = 복권에 당첨되다 (win의 과거형은 won)

연습 ② **What if** I refuse to work overtime?

만약 내가 야근하길 거부한다면 어떻게 될까?
[어휘] refuse to-V = ~하길 거부하다 / work overtime = 야근하다

What if I quit my job?

만약 내가 일을 관두면 어떻게 될까?

 오늘의 밥

What if 문장? = 만약 ~면 어떨까(어떻게 될까)?

→ **What if** I quit my job? = 만약 내가 일을 관두면 어떻게 될까?

✎ **영작하기**

① (그럴 리 없겠지만) 만약 내가 실수한다면 어떻게 될까?

　　[힌트] make a mistake = 실수하다 [make의 과거형은 made]

② (그럴 리 없겠지만) 만약 내게 초능력이 있다면 어떨까?

　　[힌트] have supernatural powers = 초능력이 있다 [have의 과거형은 had]

📋 **내 문장 만들기**

What if [_____]?

REC **바로 뱉고 녹음하기**

예문　　What if I quit my job?

영작 ①　What if I made a mistake?

영작 ②　What if I had supernatural powers?

MP3_046

내 문장

What if I quit my job
right now?

만약 내가 지금 당장 일을 관두면 어떻게 될까?

오늘의 반찬

right now = 지금 당장
today = 오늘 / **tomorrow** = 내일

영작하기

① (그럴 리 없겠지만) 만약 오늘 내게 100억 원이 생긴다면 어떨까?
　[힌트] get 10 billion won = 100억 원을 갖다 [get의 과거형은 got]

② (그럴 리 없겠지만) 만약 내일 내가 다른 사람이 된다면 어떨까?
　[힌트] become someone else = 다른 사람이 되다 [become의 과거형은 became]

내 문장 만들기

What if [_____] right now/today/tomorrow?

바로 뱉고 녹음하기

MP3_047	예문	What if I quit my job **right now**?
	영작 ①	What if I got 10 billion won **today**?
	영작 ②	What if I became someone else **tomorrow**?

내 문장

You know,
what if I quit my job
right now?

있잖아, 만약 내가 지금 당장 일을 관두면 어떻게 될까?

💧 오늘의 참기름

you know = (무슨 말을 하기 전에) 있잖아

→ **You know, what if ~?** = 있잖아, <u>만약 ~면 어떨까(어떻게 될까)</u>?

✏️ 영작하기

① (가능성 있음) 만약 내가 오늘 떠나야 한다면?

   [힌트] have to-동사원형 = ~해야 한다 / leave = 떠나다

② (가능성 있음) 만약 내가 내일 걔(여자)한테 데이트 신청하면 어떨까?

   [힌트] ask 사람 for a date = ~에게 데이트를 신청하다

📄 내 문장 만들기

You know, what if [_____] right now/today/tomorrow?

바로 뱉고 녹음하기

예문	You know,	what if I quit my job right now?
영작 ①	You know,	what if I have to leave today?
영작 ②	You know,	what if I ask her for a date tomorrow?

MP3_048

내 문장 |_____|

단어일 땐?

Into = ~안으로

회화에선?

I'm into ~

의미 나 ~에 빠져 있어.

발음 암인-투 ~

'난 ~을 좋아해'라고 말할 때 우린 보통 'I like ~'란 표현을 떠올립니다. 물론 이렇게 말해도 의미 전달은 충분하지만 우리가 뭔가에 푹 빠졌을 때 'I like ~'를 써서 말하면 어딘가 2% 부족합니다. 'I like ~'는 단순히 좋아하는 취향이 무엇인지 말하는 느낌에 가깝거든요. 이럴 때 쓸 수 있는 좋은 앞머리 표현이 'I'm into ~'입니다. 이 표현은 '~에 (푹) 빠졌다, ~을 완전히 좋아한다[심취해 있다]'라는 뉘앙스로 말할 때 유용하게 쓰입니다.

I'm into (동)명사. = 나 ~에 빠져 있어.

REC **바로 뱉고 녹음해 보기**

MP3_049

연습 ① **I'm into** the actor.

나 그 배우한테 빠져 있어.

[어휘] actor = 배우

연습 ② **I'm into** watching movies.

나 영화 감상에 빠져 있어.

[어휘] watch movies = 영화를 보다[감상하다]

I'm into studying English.

나 영어 공부에 빠져 있어.

오늘의 밥

I'm into (동)명사. = 나 ~에 빠져 있어.

→ I'm into studying English. = 나 영어 공부하는 것에 빠져 있어.

영작하기

① 나 새로운 게임에 빠져 있어.

[힌트] new game = 새로운 게임

② 나 테니스 치는 거에 빠져 있어.

[힌트] play tennis = 테니스를 하다[치다]

내 문장 만들기

I'm into [_____].

REC 바로 뱉고 녹음하기

MP3_050

예문   I'm into studying English.

영작 ① I'm into the new game.

영작 ② I'm into playing tennis.

내 문장

I'm into studying English
together with my best friend.

나 내 절친이랑 같이 영어 공부에 빠져 있어.

🥄 **오늘의 반찬**

together with 사람 = ~와 함께[같이]

→ **together with** <u>my best friend</u> = <u>나의 절친</u>과 함께[같이]

✏️ **영작하기**

① 나 우리 언니랑 같이 필라테스에 빠져 있어.

　[힌트] Pilates = 필라테스 / my sister = 나의(우리) 언니/누나/여동생

② 나 친구들이랑 같이 비디오 게임하는 거에 빠져 있어.

　[힌트] play video games = 비디오 게임을 하다

📄 **내 문장 만들기**

I'm into [_____] together with [_____].

 REC **바로 뱉고 녹음하기**

MP3_051

예문　I'm into studying English
　　　together with my best friend.

영작 ①　I'm into Pilates
　　　together with my sister.

영작 ②　I'm into playing video games
　　　together with my friends.

내 문장 　

Recently,
I'm into studying English
together with my best friend.

최근에, 나 내 절친이랑 같이 영어 공부에 빠져 있어.

오늘의 참기름

recently = 최근에

→ Recently, I'm into ~ = 최근에, 난 ~에 빠져 있어.

영작하기

① 최근에, 나 내 동료들과 같이 보드 게임에 빠져 있어.

[힌트] board game = 보드 게임 / colleague = (직장) 동료

② 최근에, 나 친구들이랑 같이 등산에 빠져 있어.

[힌트] mountain climbing = 산을 타는 것, 등산

내 문장 만들기

Recently, I'm into [_____] together with [_____].

REC 바로 뱉고 녹음하기

MP3_052

예문　Recently,
　　　I'm into studying English together with my best friend.

영작 ①　Recently,
　　　I'm into board games together with my colleagues.

영작 ②　Recently,
　　　I'm into mountain climbing together with my friends.

내 문장

95

단어일 땐?

That = 저것; 그렇게

회화에선?

It's **not** that ~

의미 그다지 ~하지 않아.

발음 이스**낫**댓 ~

우리는 다양한 형용사를 써서 각종 대상을 '~해, ~하지 않아'라고 묘사합니다. 예를 들어 '매워, 맵지 않아, 쉬워, 쉽지 않아'와 같이 말할 수 있는데요. 그런데 여기서 '~하지 않아'라는 말을 <u>그다지</u> ~하지 않아'라고 강조해서 말하려면 어떻게 해야 할까요? 아주 간단합니다. 'It's not ~'이라는 문장에 'that'을 집어넣어서 'It's not that ~'이라고 하면 끝! 이렇게 하면 단순히 '~하지 않아'가 아니라 '<u>그다지</u> ~하지 않아'라고 강조하는 뉘앙스가 됩니다.

It's not that 형용사. = 그다지 ~하지 않아.

REC **바로 뱉고 녹음해 보기**

MP3_053

연습 ① **It's not that** spicy.

<u>그다지 맵지 않아.</u>
[어휘] spicy = 매운

연습 ② **It's not that** easy.

<u>그다지 쉽지 않아.</u>
[어휘] easy = 쉬운, 수월한

It's not that **difficult.**

그다지 어렵지 않아.

 오늘의 밥

It's not that 형용사. = 그다지 ~하지 않아.
→ It's not that difficult. = 그다지 어렵지 않아.

영작하기

① 그다지 다르지 않아.
  [힌트] different = 다른

② 그다지 가깝지 않아.
  [힌트] close = 가까운; 긴밀한

내 문장 만들기

It's not that [_____].

REC 바로 뱉고 녹음하기

MP3_054

예문 It's not that difficult.
영작 ① It's not that different.
영작 ② It's not that close.

내 문장

It's not that difficult
than you think.

네 생각보다 그다지 어렵지 않아.

오늘의 반찬

than you think = 네가 생각하는 것보다

→ It's not that ~ than you think. = 네 생각보다 그다지 ~하지 않아.

영작하기

① 네 생각보다 그다지 멀지 않아.
   [힌트] far = 멀리 있는, 먼

② 네 생각보다 그다지 비싸지 않아.
   [힌트] expensive = 비싼

내 문장 만들기

It's not that [_____] than you think.

REC 바로 뱉고 녹음하기

MP3_055

예문   It's not that difficult
       than you think.

영작 ① It's not that far
       than you think.

영작 ② It's not that expensive
       than you think.

내 문장

Actually,
it's not that difficult
than you think.

사실, 네 생각보다 그다지 어렵지 않아.

오늘의 참기름

actually = 사실, 실은
→ **Actually,** <u>it's not that ~</u> = 사실, <u>그다지 ~하지 않아.</u>

영작하기

① 사실, 네 생각보다 그다지 단순하지 않아.
  [힌트] simple = 간단한; 단순한

② 사실, 네 생각보다 그다지 복잡하지 않아.
  [힌트] complicated = 복잡한

내 문장 만들기

Actually, it's not that [_____] than you think.

REC 바로 뱉고 녹음하기

MP3_056

예문	Actually, it's not that difficult than you think.
영작 ①	Actually, it's not that simple than you think.
영작 ②	Actually, it's not that complicated than you think.

내 문장

단어일 땐?

About = ~에 대한; 약, 거의

회화에선?

I'm about to ~

의미 나 ~하려던 참이야.

발음 암어**바웃투** ~

막 집에서 나가려던 찰나 친구에게 전화가 왔다고 가정해 봅시다. 이때 친구가 "뭐해?"라고 묻는다면 "응, 나 나가려던 참이었어."라고 말할 수 있겠죠? 이처럼 '나 ~하려던 참이야'라는 뉘앙스로 말할 땐 'I'm about to ~'라는 앞머리 표현을 써서 말합니다. 'about'이란 단어가 단독으로는 '~에 대한; 약, 거의'라는 뜻을 갖고 있지만 회화에서는 이제 막 하기 직전의 일을 설명하는 뜻으로도 쓰인다는 사실, 꼭 기억하세요!

I'm about to-동사원형. = 나 ~하려던 참이야.

REC **바로 뱉고 녹음해 보기**

MP3_057

연습 ① **I'm about to** have dinner.

나 저녁 먹으려던 참이야.
[어휘] have dinner = 저녁을 먹다

연습 ② **I'm about to** get going.

나 가려던 참이야.
[어휘] get going = (다시) 떠나다, 출발하다

I'm about to **clean my room.**

나 방 청소하려던 참이야.

🥣 오늘의 밥

I'm about to-동사원형. = 나 ~하려던 참이야.

→ **I'm about to** <u>clean</u> my room. = 나 내 방을 <u>청소</u>하려던 참이야.

✏️ 영작하기

① 나 샤워하려던 참이야.

　[힌트] take a shower = 샤워를 하다

② 나 자러 가려던 참이야.

　[힌트] go to bed = 잠을 자러 가다, 취침하다

📄 내 문장 만들기

I'm about to [_____].

REC 바로 뱉고 녹음하기

MP3_058

예문　　**I'm about to clean my room.**
영작 ①　**I'm about to take a shower.**
영작 ②　**I'm about to go to bed.**

내 문장

I'm just about to clean my room.

나 이제 막 방 청소하려던 참이야.

◀|| **오늘의 반찬**

just = 이제 막, 방금

→ I'm **just** about to-동사원형. = 나 이제 막 ~하려던 참이야.

✏️ **영작하기**

① 나 이제 막 장보러 가려던 참이야.

  [힌트] go grocery shopping = 장을 보러 가다

② 나 이제 막 호텔에서 예약하려던 참이야.

  [힌트] make a reservation = 예약을 하다 / at the hotel = 호텔에서

📄 **내 문장 만들기**

I'm just about to [_____].

 바로 뱉고 녹음하기

	예문	I'm **just** about to clean my room.
MP3_059	영작 ①	I'm **just** about to go grocery shopping.
	영작 ②	I'm **just** about to make a reservation at the hotel.
내 문장		

Well,
I'm just about to
clean my room.

음, 나 이제 막 방 청소하려던 참이야.

오늘의 참기름

well = 음, 글쎄

→ **Well,** I'm just about to-동사원형. = 음, 나 이제 막 ~하려던 참이야.

영작하기

① 음, 나 이제 막 설거지하고 빨래하려던 참이야.

　[힌트] do the dishes[laundry] = 설거지[빨래]를 하다

② 음, 나 이제 막 친구랑 저녁 먹으러 나가려던 참이야.

　[힌트] go out for dinner with 사람 = ~와 저녁을 먹으러 나가다

내 문장 만들기

Well, I'm just about to [_____].

REC 바로 뱉고 녹음하기

MP3_060	예문	Well, I'm just about to clean my room.
	영작 ①	Well, I'm just about to do the dishes and laundry.
	영작 ②	Well, I'm just about to go out for dinner with my friend.
내 문장		

단어일 땐?

Long = 긴; 오래

회화에선?

as **long** as ~

의미 ~이라면, ~인 한

발음 에스**렁**에스 ~

'네가 최선을 다한다면, 그걸로 된 거야. / 네가 포기하지 않는다면, 넌 할 수 있어. / 제가 살아 있는 한, 당신의 은혜는 잊지 않겠습니다.'와 같이 '~이라면, ~인 한'이라는 조건을 덧붙여 말하는 경우가 많은데, 이걸 영어로 말할 때 쓸 수 있는 좋은 앞머리 표현이 'as long as ~'입니다. '긴, 오래'라는 뜻을 가진 단어 'long'이 쓰일 거라곤 생각지 못한 분들이 많으실 텐데, 이번 기회에 'as long as ~"란 표현을 입에 착! 붙여 놓으시기 바랍니다.

as long as 문장 = ~이라면, ~인 한

REC **바로 뱉고 녹음해 보기**

MP3_061

연습 ① **As long as** you're happy, that's all that matters.

네가 행복하다면, 그게 중요한 거지.

[어휘] that's all that matters = 그게 중요한 모든 것이다

연습 ② **As long as** you love me, I'll never leave you.

네가 날 사랑하는 한, 난 널 절대 떠나지 않아.

[어휘] never+동사 = 절대 안 ~하다 / leave 사람 = ~을 떠나다

As long as **you trust yourself, you can make it.**

너 자신을 믿는 한, 넌 해낼 수 있어.

🍚 오늘의 밥

As long as [문장1], [문장2]. = 문장1이라면(인 한), 문장2이다.
[예문 속 표현] **trust yourself** = 네 스스로를 믿다 / **make it** = 해내다

✏️ 영작하기

① 네가 최선을 다한다면, 그게 중요한 거지(→ 그럼 된 거야.)
　　[힌트] try your best = 너의 최선을 다하다

② 제가 살아 있는 한, 당신의 은혜는 절대 잊지 않을 것입니다.
　　[힌트] alive = 살아 있는 / forget = 잊다 / your kindness = 당신의 친절함[은혜]

📋 내 문장 만들기

As long as [_____], [_____].

REC 바로 뱉고 녹음하기

MP3_062

예문　　As long as you trust yourself, you can make it.
영작 ①　As long as you try your best, that's all that matters.
영작 ②　As long as I'm alive, I'll never forget your kindness.

내 문장 _____

As long as you trust yourself, you can make it for sure.

너 자신을 믿는 한, 넌 반드시 해낼 수 있어.

오늘의 반찬

for sure = 반드시, 틀림없이, 당연히
→ As long as [문장1], [문장2] for sure. = 문장1이라면(인 한), 반드시 문장2이다.

영작하기

① 네가 건강하기만 하면, 넌 당연히 어디든 갈 수 있어.
　[힌트] healthy = 건강한 / go anywhere = 어디든 가다

② 네가 자신감만 있다면, 넌 반드시 면접에 통과할 거야.
　[힌트] confident = 자신감 있는 / pass the interview = 면접에 통과하다

내 문장 만들기

As long as [＿＿＿＿＿＿], [＿＿＿＿＿＿] for sure.

REC 바로 뱉고 녹음하기

MP3_063

예문　As long as you trust yourself,
　　　you can make it for sure.

영작 ①　As long as you're healthy,
　　　you can go anywhere for sure.

영작 ②　As long as you're confident,
　　　you will pass the interview for sure.

내 문장

No doubt,
as long as you trust yourself,
you can make it for sure.

의심할 여지없이, 너 자신을 믿는 한 넌 반드시 해낼 수 있어.

오늘의 참기름

no doubt = 의심할 여지없이

→ No doubt, as long as ~, … = 의심할 여지없이, ~이라면(인 한), …이다.

영작하기

① 의심할 여지없이, 네가 포기하지 않는 한 넌 반드시 그걸 해낼 수 있을 거야.

[힌트] give up = 포기하다 / achieve = (~을) 성취하다, 해내다

② 의심할 여지없이, 우리가 함께 있는 한 우린 분명 뭐든지 할 수 있을 거야.

[힌트] be together = 함께 있다 / do anything = 무엇이든 하다

내 문장 만들기

No doubt, as long as [_____], [_____] for sure.

REC 바로 뱉고 녹음하기

MP3_064

예문	No doubt, as long as you trust yourself, you can make it for sure.
영작 ①	No doubt, as long as you don't give up, you will achieve it for sure.
영작 ②	No doubt, as long as we're together, we can do anything for sure.

내 문장

단어일 땐?

Use = 사용하다

회화에선?

I could use ~

의미 나 ~가 있으면 좋겠어. / 나 ~가 필요해.

발음 아큿유스 ~

무언가 필요한 상황에서 '~가 있으면 좋겠는데, ~가 필요한데'라는 뉘앙스로 말할 때 쓰는 앞머리 표현이 바로 'I could use ~'입니다. 이 표현을 직역하면 '나는 ~을 사용할 수 있었다'라고 풀이되기 때문에 '응? 이게 왜 '~가 있으면 좋겠는데[필요한데]'라는 뜻으로 쓰이지?'라고 의아해하실 수 있습니다. 이처럼 직역으로 접근해선 이해 불가한 표현들은 입에 자연스럽게 착! 붙을 때까지 계속해서 말해 보는 습관을 들이는 것이 중요합니다.

I could use 명사. = 나 ~가 있으면 좋겠어. / 나 ~가 필요해.

REC 바로 뱉고 녹음해 보기

MP3_065

연습 ① **I could use** a drink.

나 마실 게 있으면 좋겠어.
[어휘] drink = 마시다; 마실 것, 음료

연습 ② **I could use** your help.

나 네 도움이 필요해.
[어휘] your help = 너의 도움

I could use **some coffee.**

나 커피 좀 마시면 좋겠어.

🥣 **오늘의 밥**

I could use 명사. = 나 ~가 있으면 좋겠어. / 나 ~가 필요해.

→ **I could use** <u>some coffee</u>. = 나 **커피 좀** 있으면(마시면) 좋겠어.

✏️ **영작하기**

① 나 전화기가 있으면(→ 전화를 썼으면) 좋겠어.

   [힌트] phone = 전화기

② 나 네 조언이 필요해.

   [힌트] your advice = 너의 조언[충고]

📄 **내 문장 만들기**

I could use [_____].

  바로 뱉고 녹음하기

예문   I could use some coffee.
영작 ①   I could use a phone.
영작 ②   I could use your advice.

MP3_066

내 문장 [   ]

109

I could use some coffee
since I'm so sleepy.

나 너무 졸려서 커피 좀 마시면 좋겠어.

🥢 오늘의 반찬

since + 문장 = ~이기 때문에, ~라서
→ since I'm so sleepy = 내가 너무 졸려서

✏️ 영작하기

① 나 너무 나른해서 낮잠 좀 자면 좋겠어.
[힌트] nap = 낮잠 / feel (really) drowsy = (너무) 나른함을 느끼다

② 나 커피가 너무 뜨거워서 얼음이 좀 필요한데.
[힌트] ice = 얼음 / too+형용사 = 너무 ~한 / hot = 뜨거운

📄 내 문장 만들기

I could use [_____] since [_____].

REC 바로 뱉고 녹음하기

MP3_067

예문   I could use some coffee
       since I'm so sleepy.

영작 ①   I could use a nap
       since I feel really drowsy.

영작 ②   I could use some ice
       since the coffee is too hot.

내 문장

Hey,
I could use some coffee
since I'm so sleepy.

저기, 나 너무 졸려서 커피 좀 마시면 좋겠어.

⬤ 오늘의 참기름

hey = 저기
→ **Hey,** I could use ~ = 저기, 나 ~가 있으면 좋겠어(나 ~가 필요해).

✏️ 영작하기

① 저기, 나 배터리가 나가서 전화기 충전기가 필요한데.
  [힌트] phone charger = 전화기 충전기 / dead = (배터리가) 죽은, 방전된

② 저기, 나 옷에 뭐가 묻어서 냅킨이 필요한데.
  [힌트] get something on my clothes = 내 옷 위에 무언가 있다[묻다]

📋 내 문장 만들기

Hey, I could use [_____] since [_____].

REC 바로 뱉고 녹음하기

MP3_068

예문	Hey, I could use some coffee since I'm so sleepy.
영작 ①	Hey, I could use a phone charger since my battery is dead.
영작 ②	Hey, I could use a napkin since I got something on my clothes.

내 문장

111

단어일 땐?

Doubt = 의심; 의심하다

회화에선?

I **doubt** that ~

의미 ~일지 모르겠어.

발음 아이**답**댓 ~

어떤 사실에 대해 확신이 없거나 의구심이 드는 상황에서 '글쎄, ~가 가능할지 모르겠네'라고 말하는 경우가 종종 있습니다. 이를 영어로 말할 때 쓸 수 있는 앞머리 표현이 바로 'I doubt that ~'이라는 표현인데요. 이를 직역하면 '난 ~이 의심스럽다'이지만 이는 결국 '~이 의심스럽다 → ~이 (가능할지) 모르겠다[불확실하다]'라는 뉘앙스로 풀이됩니다. 따라서 이 표현은 어떤 것에 대해 '확신할 수 없다'는 메시지를 전할 때 씁니다.

I doubt that 문장. = ~일지 모르겠어.

REC **바로 뱉고 녹음해 보기**

MP3_069

연습 ① **I doubt that** I can wake up early.
내가 일찍 일어날 수 있을지 모르겠어.
[어휘] wake up = 일어나다 / early = 일찍

연습 ② **I doubt that** I can change his mind.
내가 그분 마음을 바꿀 수 있을지 모르겠어.
[어휘] change = 바꾸다 / his mind = 그의 마음

I doubt that **I will pass the test.**

나 시험에 합격할지 모르겠어.

오늘의 밥

I doubt that 문장. = ~일지 모르겠어.
[예문 속 표현] **pass** = 통과[합격]하다 / **test** = 시험

영작하기

① 나 걔(남자)가 시간 맞춰 올지 모르겠어.

[힌트] come = 오다 / on time = 정시에, 시간에 맞게

② 나 우리 팀이 이길지 (어떨지) 모르겠어.

[힌트] our team = 우리 팀 / win = 이기다

내 문장 만들기

I doubt that [_____ **].**

REC 바로 뱉고 녹음하기

MP3_070

예문   **I doubt that** I will pass the test.
영작 ①   **I doubt that** he will come on time.
영작 ②   **I doubt that** our team will win.

내 문장

I doubt that I will pass the test
since I didn't study hard enough.

나 공부를 충분히 안 해서 시험에 합격할지 모르겠어.

🥄 오늘의 반찬

since + 문장 = ~이기 때문에, ~라서
[예문 속 표현] **study** = 공부하다 / **hard enouth** = 충분히 열심히

✏️ 영작하기

① 걔(여자)는 입이 싸서 비밀을 지킬지 모르겠어.
   [힌트] keep the secret = 비밀을 지키다 / big mouth = 입이 싼 사람

② 걔(남자)는 너무 내성적이라 걔(여자)한테 데이트를 신청할지 모르겠어.
   [힌트] ask 사람 out = ~에게 데이트를 신청하다 / introverted = 내성적인

📄 내 문장 만들기

I doubt that [_____] since [_____].

REC 바로 뱉고 녹음하기

MP3_071

예문	I doubt that I will pass the test since I didn't study hard enough.
영작 ①	I doubt that she will keep the secret since she is a big mouth.
영작 ②	I doubt that he will ask her out since he is very introverted.

내 문장

Actually,
I doubt that I will pass the test since I didn't study hard enough.

사실, 나 공부를 충분히 안 해서 시험에 합격할지 모르겠어.

오늘의 참기름

actually = 사실, 실은
→ **Actually,** I doubt that ~ = 사실, ~일지 모르겠어.

영작하기

① 사실, 걔(여자)는 집순이라 파티에 올지 모르겠어.
  [힌트] come to 장소 = ~에 오다 / homebody = 집에 있길 좋아하는 사람

② 사실, 그분(남자)이 아직도 내게 화나 있어서 날 용서할지 모르겠어.
  [힌트] forgive 사람 = ~을 용서하다 / mad at 사람 = ~에게 화난

내 문장 만들기

Actually, I doubt that [_____] since [_____].

REC 바로 뱉고 녹음하기

예문	Actually, I doubt that I will pass the test since I didn't study hard enough.
영작 ①	Actually, I doubt that she will come to the party since she is a homebody.
영작 ②	Actually, I doubt that he will forgive me since he is still mad at me.

MP3_072

내 문장

단어일 땐?

Compare = 비교하다

회화에선?

com**pa**red to ~

의미 ~에 비해

발음 컴**페**얼투 ~

과거와 현재, 남의 것과 내 것, 그 외 기타 다양한 대상들을 서로 비교하며 '예전<u>에 비해</u> 지금은 ~해, 내 것<u>에 비해</u> 네 건 ~해'와 같이 비교하며 말하는 경우가 참 많습니다. 이를 영어로 말할 때 쓸 수 있는 좋은 앞머리 표현이 바로 'compared to ~'인데요. compare는 '비교하다'라는 뜻을 가진 단어인데 이것을 'compared to ~'라는 형태로 바꿔 말하면 '~에 비해'라는 의미를 가진 유용한 회화 표현이 되니 입에 착! 붙여 두세요.

compared to 명사 = ~에 비해

REC **바로 뱉고 녹음해 보기**

MP3_073

연습 ① <u>**Compared to**</u> 10 years ago, the technology is better.

10년 전<u>에 비해</u>, 기술력이 더 나아.

[어휘] technology = 기술 / better = 더 좋은, 더 나은

연습 ② <u>**Compared to**</u> my phone, yours is bigger and lighter.

내 전화기<u>에 비해</u>, 네 건 더 크고 가벼워.

[어휘] bigger = 더 큰 / lighter = 더 가벼운

Compared to **last year, fruits are more expensive.**

작년에 비해, 과일이 더 비싸.

오늘의 밥

<u>Compared to 명사,</u> A is 형용사. = ~에 비해, A는 ~하다.
[예문 속 표현] **last year** = 작년 / **fruit** = 과일 / **more expensive** = 더 비싼

영작하기

① 작년에 비해, 시험이 더 어려워.
　　[힌트] test = 시험 / harder = 더 어려운

② 다른 가게들에 비해, 돼지고기가 여기가 더 싸.
　　[힌트] other stores = 다른 가게들 / pork = 돼지고기 / cheaper = 더 싼

내 문장 만들기

Compared to [＿＿＿＿], [＿＿＿＿] is [＿＿＿＿＿＿].

REC 바로 뱉고 녹음하기

MP3_074

예문　Compared to last year, fruits are more expensive.
영작 ①　Compared to last year, the test is harder.
영작 ②　Compared to other stores, pork is cheaper here.

내 문장

Compared to last year, fruits are much more expensive.

작년에 비해, 과일이 훨씬 더 비싸.

🍽 오늘의 반찬

much+형용사의 비교급 = 훨씬 더 ~한

→ **much** <u>more expensive</u> = 훨씬 <u>더 비싼</u>

✏ 영작하기

① 작년 여름에 비해, 이번 여름이 훨씬 더 더워.
   [힌트] last[this] summer = 작년[이번] 여름 / hotter = 더 더운

② 도시 생활에 비해, 전원 생활이 훨씬 더 평화로워.
   [힌트] city[country] life = 도시[전원] 생활 / more peaceful = 더 평화로운

📄 내 문장 만들기

Compared to [_____], [_____] is much [_____].

REC 바로 뽑고 녹음하기

MP3_075

예문	Compared to last year, fruits are **much** more expensive.
영작 ①	Compared to last summer, this summer is **much** hotter.
영작 ②	Compared to city life, country life is **much** more peaceful.

내 문장

I feel like
compared to last year,
fruits are much more expensive.

작년에 비해, 과일이 훨씬 더 비싼 것 같아.

오늘의 참기름

I feel like 문장. = 내 느낌에 ~이다. → ~인 것 같다.

→ I feel like <u>compared to 명사, 문장.</u> = ~이 비해, ~인 것 같다.

영작하기

① 작년에 비해, 기름 가격이 훨씬 더 높은 거 같아.

[힌트] oil price = 기름 가격 / higher = 더 높은

② 미국 음식에 비해, 한국 음식이 훨씬 건강한 것 같아.

[힌트] American[Korean] food = 미국[한국] 음식 / healthier = 더 건강한

내 문장 만들기

I feel like compared to [_____], [____] is much [_____].

REC 바로 뱉고 녹음하기

MP3_076

예문 　I feel like compared to last year,
　　　fruits are much more expensive.

영작 ① I feel like compared to last year,
　　　the oil prices are much higher.

영작 ② I feel like compared to American food,
　　　Korean food is much healthier.

내 문장

119

단어일 땐?

Wrong = 틀린, 잘못된

회화에선?

What's **wrong** with ~?

의미 ~에 뭐가 문제인 거야?

발음 왓츠**륑**-윗 ~?

어떤 사람에게 무슨 문제가 있어 보일 때 '너 괜찮아? 무슨 문제 있어?'라고 묻거나, 혹은 내 생각엔 아무 문제도 없는 걸 누군가 편견에 휩싸여 안 좋게 생각할 때 '~하는 게 뭐 문제라도 돼?'라고 말하는 경우가 종종 있습니다. 이럴 때 쓰는 좋은 앞머리 표현이 바로 'What's wrong with ~?'인데요. 이 표현은 ① (정말 문제가 있는 대상을 두고) ~에 무슨 문제 있어? ② (편견이라 비난하는 어투로) ~가 뭐 문제라도 돼?'라는 뉘앙스로 사용합니다.

What's wrong with (동)명사? = ~에 뭐가 문제인 거야?

REC **바로 뱉고 녹음해 보기**

MP3_077

연습 ① <u>**What's wrong with**</u> your eyes?

너 눈에 뭐가 문제인 거야? (= 너 눈이 왜 그래?)

[어휘] your eyes = 너의 (양쪽) 눈

연습 ② <u>**What's wrong with**</u> doing what I like?

내가 좋아하는 걸 하는 게 뭐가 문제인 건데?

[어휘] do <u>what I like</u> = 내가 좋아하는 것을 하다

What's wrong with you?

너 뭐가 문제야?

🥣 오늘의 밥

What's wrong with (동)명사? = ~에 뭐가 문제인 거야?

→ **What's wrong with <u>you</u>?** = <u>너</u> 뭐가 문제야?

✏️ 영작하기

① 너희 어머니 뭐가 문제이신 건데? (→ 너희 어머니 어디 아프셔?)

[힌트] your mother = 너의 어머니

② 내가 원하는 걸 사는 게 뭐 문제라도 돼?

[힌트] buy <u>what I want</u> = <u>내가 원하는 것</u>을 사다

📋 내 문장 만들기

What's wrong with [_____]?

바로 뱉고 녹음하기

예문   What's wrong with you?

영작 ① What's wrong with your mother?

영작 ② What's wrong with buying what I want?

MP3_078

내 문장

What's wrong with you
because you were fine yesterday.

너 뭐가 문젠데, 너 어젠 괜찮았었잖아.

오늘의 반찬

because + 문장 = ~이기 때문에 (위에선 '~인데, ~이잖아'라고 풀이)
[예문 속 표현] **fine** = 괜찮은 / **yesterday** = 어제

영작하기

① 내 컴퓨터 뭐가 문제지, 어제까진 잘 작동했었는데.

　[힌트] work fine = 잘 작동하다 [과거형은 worked] / until yesterday = 어제까지

② 차 운전하는 게 뭐가 문젠데, 나 20살이야.

　[힌트] drive a car = 차를 운전하다 / twenty years old = 20살

내 문장 만들기

What's wrong with [_____] because [_____].

REC 바로 뱉고 녹음하기

예문　What's wrong with you
　　　because you were fine yesterday.

영작 ①　What's wrong with my computer
　　　because it worked fine until yesterday.

영작 ②　What's wrong with driving a car
　　　because I'm twenty years old.

내 문장

참기름 뿌리기

DAY
080

Listen,
what's wrong with you
because you were fine yesterday.

들어 봐, 너 뭐가 문젠데, 너 어젠 괜찮았었잖아.

오늘의 참기름

listen = 들어 봐

→ **Listen, what's wrong with ~?** = 들어 봐, ~에 뭐가 문제인 건데?

영작하기

① 들어 봐, 만화 보는 게 뭐가 문젠데, 그건 내 취미라고.

　[힌트] watch = 보다 / animation = 만화 영화 / my hobby = 나의 취미

② 들어 봐, 채식주의자인 게 뭐가 문젠데, 그건 불법이 아니잖아.

　[힌트] vegetarian = 채식주의자 / illegal = 불법인

내 문장 만들기

Listen, what's wrong with [_____] because [_____].

REC 바로 뻴고 녹음하기

MP3_080

예문　**Listen,** what's wrong with you
　　　because you were fine yesterday.

영작 ①　**Listen,** what's wrong with watching animations
　　　because it's my hobby.

영작 ②　**Listen,** what's wrong with being a vegetarian
　　　because it isn't illegal.

내 문장

123

단어일 땐?

Sick = 아픈; 지긋지긋한

회화에선?

I'm **sick** of ~

의미 나 ~가 지긋지긋해.

발음 암씩–껍 ~

'Sick'이 '아픈'이라는 뜻만 갖고 있다고 생각한다면 위 앞머리 표현이 매우 생소하실 수 있습니다. Sick는 '아픈'이라는 뜻 외에도 '넌더리 나는, 지긋지긋한'이라는 뜻도 갖고 있기 때문에 'I'm sick of ~'이라고 하면 '난 ~가 지긋지긋해'라는 뜻이 됩니다. 그러니 지긋지긋하게 느껴지는 대상이 있을 경우 'I'm sick of ~' 뒤에 그 대상을 넣어 말하면 되겠죠? 원어민들이 입에 가장 많이 달고 사는 표현 중 하나이니 입에 착! 붙여 두세요.

I'm sick of (동)명사. = 나 ~가 지긋지긋해.

REC 바로 뱉고 녹음해 보기

MP3_081

연습 ① **I'm sick of** my job.

나 내 일이 지긋지긋해.

[어휘] my job = 나의 일[직업]

연습 ② **I'm sick of** arguing.

나 싸우는 거 지긋지긋해.

[어휘] argue = 언쟁을 하다, 다투다

I'm sick of **wearing a mask.**

나 마스크 쓰는 거 지긋지긋해.

🥄 오늘의 밥

I'm sick of (동)명사. = 나 ~가 지긋지긋해.

→ **I'm sick of** <u>wearing</u> a mask. = 나 **마스크** <u>쓰는 것</u>이 지긋지긋해.

✏️ 영작하기

① 나 걔(여자) 잔소리 지긋지긋해.

[힌트] her nagging = 그녀의 잔소리

② 나 혼자 있는 거 지긋지긋해.

[힌트] be alone = 혼자이다

📄 내 문장 만들기

I'm sick of [_____].

REC 바로 뱉고 녹음하기

MP3_082

예문   **I'm sick of** wearing a mask.

영작 ①   **I'm sick of** her nagging.

영작 ②   **I'm sick of** being alone.

내 문장

I'm sick of wearing a mask
because of skin problems.

나 피부 문제 때문에 마스크 쓰는 거 지긋지긋해.

🍜 오늘의 반찬

because of+명사 = ~때문에
→ **because of** <u>skin problems</u> = <u>피부 문제</u> 때문에

✏️ 영작하기

① 나 야근 때문에 내 일이 지긋지긋해.
  [힌트] overtime = 야근, 초과 근무

② 나 숙제가 많아서 학교가 지긋지긋해.
  [힌트] a lot of homework = 많은 양의 숙제

📋 내 문장 만들기

I'm sick of [_____] because of [_____].

REC 바로 뱉고 녹음하기

MP3_083

예문　 I'm sick of wearing a mask
　　　 because of skin problems.

영작 ① I'm sick of my job
　　　 because of overtime.

영작 ② I'm sick of school
　　　 because of a lot of homework.

내 문장

You know,
I'm sick of wearing a mask because of skin problems.

있잖아, 나 피부 문제 때문에 마스크 쓰는 거 지긋지긋해.

🔵 오늘의 참기름

you know = 있잖아, 저기

→ **You know,** I'm sick of ~ = 있잖아, 나 ~가 지긋지긋해.

영작하기

① 있잖아, 난 숙취 때문에 술 마시는 거 지긋지긋해.

[힌트] drink = 마시다; 음주하다 / hangover = 숙취

② 있잖아, 난 걔(여자) 거짓말 때문에 상처받는 거 지긋지긋해.

[힌트] get hurt = 다치다, 상처가 나다 / her lies = 그녀의 거짓말들

📄 내 문장 만들기

You know, I'm sick of [_____] because of [_____].

REC 바로 뱉고 녹음하기

예문	You know, I'm sick of wearing a mask because of skin problems.
영작 ①	You know, I'm sick of drinking because of hangover.
영작 ②	You know, I'm sick of getting hurt because of her lies.

MP3_084

내 문장

단어일 땐?

Good = 좋은, 훌륭한

회화에선?

I'm **good** at ~

의미 나 ~(을) 잘해.

발음 암 그 랫 ~

모든 사람들에겐 적어도 한 가지 이상은 잘하는 것이 있습니다. 학교에서 수학을 잘한다면 '나 수학을 잘해', 그림 그리는 걸 잘한다면 '나 그림을 잘 그려', 노래를 잘한다면 '나 노래를 잘 불러', 이처럼 '나 ~을 잘해'라고 말할 수 있는데요. 이걸 영어로 말할 땐 'I'm good at ~' 이라는 앞머리 표현을 씁니다. 'I'm good at ~' 뒤에 내가 잘하는 다양한 대상들을 넣어 말하기만 하면 되니 생각보다 정말 쉽고 간단하게 말할 수 있죠?

I'm good at (동)명사. = 나 ~(을) 잘해.

REC **바로 뱉고 녹음해 보기**

MP3_085

연습 ① **I'm good at** math.

나 수학을 잘해.

[어휘] math = 수학

연습 ② **I'm good at** drawing.

나 그림 그리는 걸 잘해.

[어휘] draw = 그림을 그리다

I'm good at **singing.**

나 노래 잘해.

🥣 오늘의 밥

I'm good at (동)명사. = 나 ~(을) 잘해.

→ **I'm good at** <u>singing</u>. = 나 <u>노래 부르는 것</u>을 잘해. → 나 노래 잘해.

✏️ 영작하기

① 난 비디오 게임을 잘해.

　　[힌트] video game = 비디오 게임

② 난 친구를 잘 사귀어.

　　[힌트] make friends = 친구를 사귀다

📄 내 문장 만들기

I'm good at [_____].

REC 바로 뱉고 녹음하기

예문　　**I'm good at** singing.
영작 ①　**I'm good at** video games.
영작 ②　**I'm good at** making friends.

MP3_086

내 문장

I'm good at singing
especially pop songs.

나 노래 잘해, 특히 팝송.

오늘의 반찬

especially+명사 = 특히 ~
→ **especially** pop songs = 특히 팝송

영작하기

① 나 운동 잘해, 특히 축구.
[힌트] sports = 스포츠, 운동 / soccer = 축구

② 나 요리 잘해, 특히 한국 음식.
[힌트] cook = 요리하다 / Korean cuisine = 한국 음식

내 문장 만들기

I'm good at [_____] especially [_____].

REC 바로 뱉고 녹음하기

MP3_087

예문	I'm good at singing **especially pop songs.**
영작 ①	I'm good at sports **especially soccer.**
영작 ②	I'm good at cooking **especially Korean cuisine.**

내 문장

You know what?
I'm good at singing especially pop songs.

그거 알아? 나 노래 잘해, 특히 팝송.

🔵 오늘의 참기름

You know what? = 그거 알아?

→ **You know what?** <u>I'm good at ~</u> = 그거 알아? <u>나 ~(을) 잘해.</u>

✏️ 영작하기

① 그거 알아? 나 구기 종목 잘해, 특히 탁구.

[힌트] ball game = 구기 종목 / table tennis = 탁구

② 그거 알아? 나 사진 잘 찍어, 특히 풍경 사진.

[힌트] take pictures = 사진을 찍다 / scenery picture = 풍경 사진

📄 내 문장 만들기

You know what? I'm good at [_____] especially [_____].

REC 바로 뱉고 녹음하기

MP3_088

예문   You know what?
I'm good at singing especially pop songs.

영작 ① You know what?
I'm good at ball games especially table tennis.

영작 ② You know what?
I'm good at taking pictures especially scenery pictures.

내 문장

단어일 땐?

Afraid = 무서워하는; 염려하는

회화에선?

I'm afraid I **can't** ~

의미 아쉽지만(미안하지만) 나 못 ~해.

발음 암어프뤠잇아**캐-엔** ~

누군가 무언가를 권했을 때 이를 거절할 경우, '나 그거 못 해'라고 직접적으로 거절하기보다는 '미안하지만, 나 그거 못 하겠어'라고 부드럽게 에둘러 거절하는 경우가 많습니다. 영어로도 이처럼 완곡하게 거절할 수 있는 앞머리 표현이 있는데 바로 'I'm afraid I can't ~'라는 표현입니다. afraid가 '무서워하는'이라는 뜻이라 위 표현이 '나 ~가 무서워'라고 해석될 수도 있는데, 이 표현은 무섭다는 뜻이 아닌 '완곡한 거절'의 의미를 가진 표현입니다.

I'm afraid I can't 동사원형. = 아쉽지만(미안하지만) 나 못 ~해.

REC 바로 뱉고 녹음해 보기

MP3_089

연습 ① **I'm afraid I can't** go with you.

아쉽지만 나 너랑 같이 못 가.

[어휘] go with 사람 = ~와 같이 가다

연습 ② **I'm afraid I can't** eat raw food.

미안하지만 나 날 음식은 못 먹어.

[어휘] eat = 먹다 / raw food = 날 음식

I'm afraid I can't **make it.**

미안하지만 나 못 가.

🥄 오늘의 밥

I'm afraid I can't 동사원형. = 아쉽지만(미안하지만) 나 못 ~해.
[예문 속 표현] **make it** = 해내다, 성공하다; 가다, 참석하다

✏️ 영작하기

① 미안하지만 나 세미나 참석 못 해.
  [힌트] attend = 참석하다 / seminar = 세미나

② 미안하지만 나 네 말에 동의 못 해.
  [힌트] agree with 사람 = ~에게(~의 말에) 동의하다

📄 내 문장 만들기

I'm afraid I can't [_____].

REC 바로 뱉고 녹음하기

MP3_090

예문   **I'm afraid I can't** make it.
영작 ①   **I'm afraid I can't** attend the seminar.
영작 ②   **I'm afraid I can't** agree with you.

내 문장

133

I'm afraid I can't make it
because I have work to do.

미안하지만 할 일이 있어서 나 못 가.

🔊 오늘의 반찬

because+문장 = ~이기 때문에, ~라서
[예문 속 표현] **have work to do** = 할 일이 있다

✏️ 영작하기

① 미안하지만 너무 바빠서 너 못 도와줘.
   [힌트] have my hands full = 내 손이 꽉 차 있다 → 너무 바쁘다

② 아쉽지만 다른 직장을 구해서 제안을 수락 못하겠네요.
   [힌트] accept = 수락하다 / offer = 제안 / another job = 다른 직장

📄 내 문장 만들기

I'm afraid I can't [_____] because [_____].

REC 바로 뱉고 녹음하기

MP3_091

예문 I'm afraid I can't make it
      because I have work to do.

영작 ① I'm afraid I can't help you
       because I have my hands full.

영작 ② I'm afraid I can't accept the offer
       because I got another job.

내 문장

Well,
I'm afraid I can't make it
because I have work to do.

글쎄, 미안하지만 할 일이 있어서 나 못 가.

🔵 오늘의 참기름

well = 음, 글쎄
→ **Well,** I'm afraid I can't ~ = 글쎄, <u>아쉽지만(미안하지만) 나 못 ~해.</u>

✏️ 영작하기

① 글쎄, 미안하지만 다른 계획이 있어서 너랑 영화 보러 못 가.
   [힌트] go to the movies = 영화를 보러 가다 / another plan = 다른 계획

② 글쎄, 미안하지만 그건 비밀이라 너한테 아무것도 얘기 못 해.
   [힌트] tell 사람 A = ~에게 A를 말하다 / anything = 아무것(도) / secret = 비밀

📋 내 문장 만들기

Well, I'm afraid I can't [_____] because [_____].

REC 바로 뱉고 녹음하기

MP3_092

예문   Well, I'm afraid I can't make it
       because I have work to do.
영작 ① Well, I'm afraid I can't go to the movies with you
       because I have another plan.
영작 ② Well, I'm afraid I can't tell you anything
       because it's a secret.

내 문장

단어일 땐?

Hope = 바라다; 희망

회화에선?

I hope that ~

의미 ~이길 바라.

발음 아홉-댓 ~

목감기로 고생하는 친구에게 따뜻한 레몬차를 선물하며 "이게 효과가 있길 바라"라고 말하는 장면을 상상해 보세요. 이처럼 상대방에게 좋은 일이 있기를 '바란다'고 말하거나 내가 염원하고 있는 일들이 이루어지기를 '바란다'고 말할 때 쓸 수 있는 앞머리 표현이 'I hope that ~'입니다. 'I want ~(난 ~을 원해)'가 강한 '욕구, 욕망'을 나타내는 표현이라면 'I hope that ~'은 '염원, 바람'의 뉘앙스를 가진 표현이며, 여기서 'that'은 생략 가능합니다.

I hope (that) 문장. = ~이길 바라.

REC **바로 뱉고 녹음해 보기**

MP3_093

연습 ① **I hope (that) you are always healthy.**

네가 항상 건강하길 바라.

[어휘] always = 항상 / healthy = 건강한

연습 ② **I hope (that) you liked my gift.**

네가 내 선물을 좋아했길 바라.

[어휘] like = 좋아하다 [과거형은 liked] / gift = 선물

I hope (that) you have a great time.

즐거운 시간 보내길 바라.

🍚 오늘의 밥

I hope (that) 문장. = ~이길 바라.
[예문 속 어휘] **have a great time** = 즐거운 시간을 갖다[보내다]

✏️ 영작하기

① (네가) 여행을 즐기길 바라.
　[힌트] enjoy = 즐기다 / your trip = 너의 여행

② 네가 올바른 선택을 하길 바라.
　[힌트] make the right choice = 옳은[올바른] 선택을 하다

📄 내 문장 만들기

I hope (that) [_____].

REC 바로 뱉고 녹음하기

MP3_094

예문	I hope (that) you have a great time.
영작 ①	I hope (that) you enjoy your trip.
영작 ②	I hope (that) you make the right choice.

내 문장 [_____]

I hope (that) you have a great time on your trip.

여행에서 즐거운 시간 보내길 바라.

오늘의 반찬

on/in+명사 = ~(위/안)에서, ~에 있어서
→ on **your trip** = 네 여행에 있어서

영작하기

① 내가 시험에서 좋은 성적을 얻을 수 있길 바라.
　[힌트] get a good grade = 좋은 성적을 얻다 / test = 시험

② 네가 모든 것에 있어 최선을 다하길 바라.
　[힌트] do your best = 너의 최선을 다하다 / everything = 모든 것

내 문장 만들기

I hope (that) [_____] on/in [_____].

REC 바로 뱉고 녹음하기

MP3_095

예문　I hope (that) you have a great time
　　　on your trip.

영작 ①　I hope (that) I can get a good grade
　　　on the test.

영작 ②　I hope (that) you do your best
　　　in everything.

내 문장

Well,
I hope (that) you have a great time on your trip.

음, 여행에서 즐거운 시간 보내길 바라.

오늘의 참기름

well = 음, 글쎄

→ **Well,** I hope (that) 문장. = 음, ~이길 바라.

영작하기

① 음, 네 사업에서 성공하길 바라.

[힌트] succeed = 성공하다 / in your business = 너의 사업[일]에 있어

② 음, 저희 호텔에서 즐겁게 머무셨길 바랍니다.

[힌트] enjoy your stay = 너의 머무름(머문 것)을 즐기다 [과거형은 enjoyed]

내 문장 만들기

Well, I hope (that) [_____] on/in [_____].

REC 바로 뱉고 녹음하기

	예문	Well, I hope (that) you have a great time on your trip.
MP3_096	영작 ①	Well, I hope (that) you succeed in your business.
	영작 ②	Well, Well, I hope (that) you enjoyed your stay in our hotel.

내 문장

단어일 땐?

Try = 노력하다

회화에선?

I'm **trying** to ~

의미   나 ~하려고 노력 중이야.

발음   암트롸잉투 ~

우리는 항상 무언가를 이루기 위해 노력합니다. 학생들은 시험 점수를 잘 받기 위해 노력하고, 직장인들은 돈을 벌기 위해 노력하고, 뚱뚱한 이들은 살을 빼기 위해 노력하고, 누군가는 우리처럼 영어 공부를 하기 위해 노력하겠죠. 이처럼 '(현재) 난 ~하기 위해 노력 중이다'라는 말을 영어로 표현할 땐 '노력하다'라는 뜻의 단어 'try'에서 파생된 앞머리 표현 'I'm trying to ~'를 씁니다. 일상 속에서 정말 많이 쓰는 표현이니 입에 착! 붙여 두세요.

I'm trying to-동사원형. = 나 ~하려고 노력 중이야.

REC   **바로 뱉고 녹음해 보기**

MP3_097

연습 ①   **I'm trying to** understand you.

나 너를 <u>이해하려고 노력 중이야</u>.

[어휘] understand = 이해하다

연습 ②   **I'm trying to** be honest.

나 <u>솔직해지려고 노력 중이야</u>.

[어휘] honest = 솔직한, 정직한

I'm trying to **cook for myself.**

나 직접 요리하려고 노력 중이야.

🥄 오늘의 밥

I'm trying to-동사원형. = 나 ~하려고 노력 중이야.
[예문 속 어휘] **cook for myself** = 직접 요리하다

✏️ 영작하기

① 나 건강식을 먹으려고 노력 중이야.
　　[힌트] eat = 먹다 / healthy food = 건강한 음식

② 나 밤 10시 전에 자려고 노력 중이야.
　　[힌트] go to bed = 자러 가다, 자다 / before+명사 = ~전에 / 10 p.m. = 오후 10시

📄 내 문장 만들기

I'm trying to [_____].

REC 바로 뱉고 녹음하기

예문　　　I'm trying to cook for myself.
영작 ①　I'm trying to eat healthy food.
영작 ②　I'm trying to go to bed before 10 p.m.

MP3_098

내 문장

I'm trying to cook for myself
at least once a week.

나 적어도 일주일에 한 번은 직접 요리하려고 노력 중이야.

오늘의 반찬

at least ~ a week/month/year = 적어도 일주일/1달/1년에 ~번

→ **at least** <u>once</u> **a week** = 적어도 일주일에 <u>한 번</u>

영작하기

① 나 적어도 일주일에 한 번은 운동하려고 노력 중이야.

[힌트] work out = 운동하다

② 나 적어도 한 달에 한 번은 화장실을 청소하려고 노력 중이야.

[힌트] clean = 청소하다 / bathroom = 화장실

내 문장 만들기

I'm trying to [_____] at least [_____] a week/month/year.

REC 바로 뱉고 녹음하기

MP3_099

예문   I'm trying to cook for myself
       at least once a week.

영작 ① I'm trying to work out
       at least once a week.

영작 ② I'm trying to clean the bathroom
       at least once a month.

내 문장

Recently,
I'm trying to cook for myself
at least once a week.

최근에, 나 일주일에 한 번은 직접 요리하려고 노력 중이야.

오늘의 참기름

recently = 최근에

→ Recently, I'm trying to ~ = 최근에, 나 ~하려고 노력 중이야.

영작하기

① 최근에, 적어도 한 달에 한 번은 친구들을 만나려고 노력 중이야.

[힌트] meet my friends = 나의 친구들을 만나다

② 최근에, 적어도 1년에 한 번은 해외 여행을 하려고 노력 중이야.

[힌트] travel abroad = 해외 여행을 하다

내 문장 만들기

Recently, I'm trying to [_____] at least [____] a week/month/year.

REC 바로 뱉고 녹음하기

	예문	Recently, I'm trying to cook for myself at least once a week.
MP3_100	영작 ①	Recently, I'm trying to meet my friends at least once a month.
	영작 ②	Recently, I'm trying to travel abroad at least once a year.

내 문장

단어일 땐?

Look = 보다

회화에선?

It **look**s like ~

의미 ~인 것 같아(~인 것처럼 보여).

발음 잇**룩쓰**라익 ~

하늘을 쳐다보며 '오늘은 비가 올 것 같아'라고 말하거나, 엄청나게 똑똑한 친구를 가리키며 '쟤 천재인 것 같아'라고 말하는 것과 같이 '~인 것 같아'라고 말하는 경우가 종종 있습니다. 이처럼 어떤 일이 일어날 것 같다고 추측해서 말하거나, 내 생각[느낌]에 마치 어떠한 것 같다고 의견을 말할 때 쓸 수 있는 앞머리 표현이 'It looks like ~'입니다. 이 역시 원어민이 입에 달고 사는 대표적인 표현 중 하나이니 입에 착! 붙여 두시기 바랍니다.

It looks like 문장. = ~인 것 같아(~인 것처럼 보여).

REC **바로 뱉고 녹음해 보기**

MP3_101

연습 ① **It looks like** he is a genius.

개 천재인 것 같아.

[어휘] genius = 천재

연습 ② **It looks like** it's going to be a hot day.

더운 날이 될 것 같아.

[어휘] hot day = 더운 날

It looks like it's going to rain.

비가 올 것 같아.

🥄 오늘의 밥

It looks like 문장. = ~인 것 같아(~인 것처럼 보여).

[예문 속 표현] **be going to-동사원형** = ~할 것이다 / **rain** = 비가 오다

✏️ 영작하기

① 나 학교에 또 지각할 것 같아.

[힌트] be late for ~ = ~에 늦다 / school = 학교 / again = 다시

② 그녀가 금메달을 딸 것 같아.

[힌트] win the gold medal = 금메달을 따다

📄 내 문장 만들기

It looks like [_____].

 바로 뱉고 녹음하기

예문   It looks like it's going to rain.
영작 ① It looks like I'll be late for school again.
영작 ② It looks like she's going to win the gold medal.

MP3_102

내 문장

It looks like it's going to rain
since I can see the dark clouds in the sky.

하늘에 먹구름이 보여서 비가 올 것 같아.

오늘의 반찬

since+문장 = ~이기 때문에, ~라서
[예문 속 표현] **dark cloud** = 먹구름 / **in the sky** = 하늘에

영작하기

① 나 여기 아는 사람이 아무도 없어서 꿔다 놓은 보릿자루 같아.
[힌트] fish out of water = 꿔다 놓은 보릿자루 / anyone = 아무(도)

② 걔 눈 밑에 다크써클이 있어서 잘 못 잔 것 같아.
[힌트] have dark circles = 다크써클이 있다 / sleep well = 잘 자다

내 문장 만들기

It looks like [_____] since [_____].

REC 바로 뱉고 녹음하기

예문	It looks like it's going to rain since I can see the dark clouds in the sky.
영작 ①	It looks like I'm a fish out of water since I don't know anyone here.
영작 ②	It looks like he didn't sleep well since he has dark circles under his eyes.

MP3_103

내 문장

Well, it looks like it's going to rain since I can see the dark clouds in the sky.

글쎄, 하늘에 먹구름이 보여서 비가 올 것 같아.

🔹 오늘의 참기름

well = 음, 글쎄

→ **Well,** it looks like ~ = 글쎄, ~인 것 같아(~인 것처럼 보여).

🔹 영작하기

① 글쎄, 컴퓨터가 켜지지 않고 있어서 이게 고장 난 것 같아.

[힌트] down = 작동이 안 되는, 고장 난 / turn on = 켜다

② 글쎄, 교통 체증이 너무 심해서 나 직장에 지각할 것 같아.

[힌트] traffic is bad = 교통이 나쁘다 → 교통 체증이 심하다

🔹 내 문장 만들기

Well, it looks like [_____] since [_____].

REC 🔹 바로 뱉고 녹음하기

MP3_104

예문	Well, it looks like it's going to rain since I can see the dark clouds in the sky.
영작 ①	Well, it looks like the computer is down since it isn't turning on.
영작 ②	Well, it looks like I'll be late for work since the traffic is really bad.

내 문장

단어일 땐?

Believe = 믿다

회화에선?

I can't be**lie**ve ~

의미 ~이라니 믿을 수 없어.

발음 아캐-앤빌**립** ~

기대하지도 않던 일이 실제로 이뤄졌을 때 우린 '세상에! 이게 정말 이뤄졌다고?'라고 생각하거나, 반대로 100% 기대하고 있던 일이 안 이뤄졌거나 누군가에게 배신감을 느꼈을 때 '정말 이렇게 돼 버렸다고?'라고 생각하곤 합니다. 이러한 모든 상황에 쓸 수 있는 앞머리 표현이 바로 'I can't believe ~'인데요. '(이런 좋은 일이 일어나다니) 믿을 수 없어' 혹은 '(이런 나쁜 일이 일어나다니) 믿을 수 없어'라는 뉘앙스로 씁니다.

I can't believe 문장. = ~이라니 믿을 수 없어.

REC **바로 뱉고 녹음해 보기**

MP3_105

연습 ① <u>**I can't believe**</u> you lied to me!

네가 내게 거짓말을 하다<u>니 믿을 수 없어</u>!

[어휘] lie to 사람 = ~에게 거짓말하다 [과거형은 lied]

연습 ② <u>**I can't believe**</u> I passed the exam!

내가 시험에 합격했다<u>니 믿을 수 없어</u>!

[어휘] pass the exam = 시험에 합격하다 [과거형은 passed]

I can't believe you did this to me!

네가 내게 이런 짓을 했다니 믿을 수 없어!

 오늘의 밥

I can't believe 문장. = ~이라니 믿을 수 없어.

[예문 속 표현] **do/did this (to me)** = (내게) 이것(이런 짓)을 하다/했다

영작하기

① 걔(남자)가 그걸 그렸다니 믿을 수 없어!

　　[힌트] draw+명사 = ~을 그리다 [과거형은 drew]

② 걔(여자)가 내게 데이트를 신청하다니 믿을 수 없어!

　　[힌트] ask 사람 out = ~에게 데이트를 신청하다 [과거형은 asked]

내 문장 만들기

I can't believe [_____ **].**

REC 바로 뱉고 녹음하기

예문　　I can't believe you did this to me!
영작 ①　I can't believe he drew it!
영작 ②　I can't believe she asked me out!

MP3_106

내 문장

I can't believe you did this to me
since you were always good to me!

네가 내게 이런 짓을 했다니 믿을 수 없어, 넌 항상 내게 잘했었는데!

오늘의 반찬

since+문장 = ~이기 때문에, ~이라서 (위에서는 '~인데!'라고 풀이)

[예문 속 표현] **be (always) good <u>to me</u>** = <u>내게</u> (항상) 잘하다

영작하기

① 내가 이걸 다 먹었다니 믿을 수 없어, 난 소식가인데!

　　[힌트] eat them all = 그것들을 다 먹다 [과거형은 ate] / light eater = 소식가

② 걔(여자)가 사람들 앞에서 노래했다니 믿을 수 없어, 걔 수줍음 진짜 많은데!

　　[힌트] sing in public = 대중 앞에서 노래하다 [과거형은 sang] / shy person = 수줍음 많은 사람

내 문장 만들기

I can't believe [_____] since [_____].

REC 바로 뱉고 녹음하기

MP3_107	예문	I can't believe you did this to me **since you were always good to me!**
	영작 ①	I can't believe I ate them all **since I'm a light eater!**
	영작 ②	I can't believe she sang in public **since she is a very shy person!**
	내 문장	

Wow,
I can't believe you did this to me since you were always good to me!

와, 네가 내게 이런 짓을 했다니 믿을 수 없어, 넌 항상 내게 잘했었는데!

오늘의 참기름

wow = 와

→ **Wow,** I can't believe ~ = 와, ~이라니 믿을 수 없어.

영작하기

① 와, 그분(여자)이 40세라니 믿을 수 없어, 20대인 것처럼 보이시는데!

   [힌트] 40 years old = 40살 / be in her 20's = (그녀가) 20대이다

② 와, 그 사람(남자)이 자살했다니 믿을 수 없어, 항상 행복해 보였는데!

   [힌트] commit suicide = 자살하다 [과거형은 committed]

내 문장 만들기

Wow, I can't believe [_____] since [_____].

REC 바로 뱉고 녹음하기

MP3_108

예문　Wow, I can't believe you did this to me since you were always good to me!

영작 ①　Wow, I can't believe she is 40 years old since she looks like she is in her 20's!

영작 ②　Wow, I can't believe he committed suicide since he always looked happy!

내 문장

단어일 땐?

Pity = 동정(심); 유감, 애석한 일

회화에선?

It's a **pity** that ~

의미 ~라서 아쉬워(안타까워).

발음 잇처**피**리댓 ~

함께 즐거운 시간을 보내다 누군가 가야할 때가 됐을 때 '벌써 가야 한다니 아쉽네'라고 말하거나, 혹은 보고 싶었던 사람이 오지 않아 '걔가 안 와서 아쉽네'와 같이 말하는 경우가 종종 있습니다. 이럴 때 쓸 수 있는 앞머리 표현이 'It's a pity that ~'인데요. pity라는 단어를 '연민, 동정(심)'이라는 뜻으로만 알고 있었다면 조금은 생소할 수도 있습니다. 'It's a pity that ~'은 어떤 일에 대한 '아쉬움, 실망스러움'을 드러내는 표현입니다.

It's a pity that 문장. = ~라서 아쉬워(안타까워).

REC **바로 뱉고 녹음해 보기**

MP3_109

연습 ① **It's a pity that** you can't stay longer.

네가 더 오래 못 있는다니 아쉬워.

[어휘] stay longer = 더 오래 머무르다

연습 ② **It's a pity that** he couldn't come to the party.

걔가 파티에 못 와서 아쉽다.

[어휘] come to 장소 = ~에 오다 / party = 파티

It's a pity that
he moved to another city.

껴가 다른 도시로 이사 가서 아쉬워.

오늘의 밥

It's a pity that 문장. = ~라서 아쉬워(안타까워).

[예문 속 표현] **move to 장소** = ~로 이사 가다 / **another city** = 다른 도시

영작하기

① 우리 여행이 취소돼서 아쉬워.

　[힌트] our trip = 우리 여행 / get canceled = 취소되다 [과거형은 got canceled]

② 올해 크리스마스가 일요일이라서 아쉬워.

　[힌트] fall on 요일 = ~라는 요일에 떨어지다[배정되다] / this year = 올해(에)

내 문장 만들기

It's a pity that [_____].

REC 바로 뱉고 녹음하기

MP3_110

예문　　It's a pity that he moved to another city.
영작 ①　It's a pity that our trip got canceled.
영작 ②　It's a pity that Christmas falls on Sunday this year.

내 문장

153

It's a pity that
he moved to another city
because he was my best friend.

개가 다른 도시로 이사 가서 아쉬워, 개가 내 절친이었거든.

🍴 오늘의 반찬

because+문장 = ~이기 때문에, ~라서 (위에서는 '~이거든'이라고 풀이)
→ because <u>he was (my best friend)</u> = <u>그가 (내 절친)이었</u>거든

 ## 영작하기

① 내 생일이 월요일이라 아쉬워, 나 그날 일하거든.
  [힌트] work = 일하다 / on that day = 그날에

② 네가 지금 여기 없어서 아쉬워, 우리 엄청 재밌게 놀고 있거든.
  [힌트] be not here = 여기에 없다 / have (so much) fun = (엄청) 재미있게 놀다

📄 내 문장 만들기

It's a pity that [_____] because [_____].

REC 바로 뱉고 녹음하기

MP3_111

예문   It's a pity that he moved to another city
       because he was my best friend.

영작 ①   It's a pity that my birthday falls on Monday
       because I work on that day.

영작 ②   It's a pity that you're not here now
       because we're having so much fun.

내 문장

I think it's a pity that he moved to another city because he was my best friend.

걔가 다른 도시로 이사 가서 아쉬운 것 같아, 걔가 내 절친이었거든.

오늘의 참기름

I think+문장. = 난 ~라고 생각해. → ~인 것 같아.
→ I think it's a pity that ~ = ~이라서 아쉬운(안타까운) 것 같아.

✏️ 영작하기

① 그녀가 일찍 은퇴해서 안타까운 것 같아, 굉장한 가수였거든.
　[힌트] retire = 은퇴하다 [과거형은 retired] great singer = 굉장한 가수

② 네가 네 꿈을 포기해서 안타까운 것 같아, 네가 정말 열심히 노력했거든.
　[힌트] give up on+명사 = ~을 포기하다 [과거형은 gave up]

📄 내 문장 만들기

I think it's a pity that [_____] because [_____].

REC 바로 뱉고 녹음하기

MP3_112

예문　I think it's a pity that he moved to another city because he was my best friend.

영작 ①　I think it's a pity that she retired early because she was a great singer.

영작 ②　I think it's a pity that you gave up on your dream because you tried really hard.

내 문장

155

단어일 땐?

Nervous = 긴장한, 불안한

회화에선?

I'm so **nervous** about ~

의미 나 ~가 너무 긴장돼(떨려).

발음 암쏘널-**버**써바웃 ~

아주 중요한 일, 혹은 하기 힘든 일을 앞두고 있을 때 우린 그 일이 '너무 긴장돼, 너무 떨려'라고 말하곤 합니다. 이처럼 '나 ~가 너무 긴장돼(떨려)'라고 말할 때 쓰는 앞머리 표현이 바로 'I'm so nervous about ~'인데요. nervous는 '긴장한, 불안한'이라는 뜻을 가진 단어이며 따라서 'I'm so nervous (about ~)'를 직역하면 '난 (~에 대해서) 매우 긴장한 상태이다'이고, 이는 곧 '나 ~가 너무 긴장돼(떨려)'라고 풀이됩니다.

I'm so nervous about (동)명사. = 나 ~가 너무 긴장돼(떨려).

REC **바로 뱉고 녹음해 보기**

MP3_113

연습 ① **I'm so nervous about** my presentation.
나 발표가 너무 긴장돼.
[어휘] presentation = 발표

연습 ② **I'm so nervous about** meeting him.
나 그분을 만나는 게 너무 긴장돼.
[어휘] meet 사람 = ~을 만나다

I'm so nervous about going abroad.

나 해외로 나가는 게 너무 긴장돼.

🥄 오늘의 밥

I'm so nervous about (동)명사. = 나 ~가 너무 긴장돼(떨려).

[예문 속 표현] **go abroad** = 해외로 나가다

✏️ 영작하기

① 나 내일 있을 시합이 너무 긴장돼.

　[힌트] tomorrow's 명사 = 내일의(내일 있을) ~ / contest = 시합, 경기, 콘테스트

② 나 사람들 앞에서 말하기 너무 떨려.

　[힌트] speak in public = 대중(사람들) 앞에서 말하다

📄 내 문장 만들기

I'm so nervous about [_____].

REC 바로 뱉고 녹음하기

MP3_114

예문　　I'm so nervous about going abroad.
영작 ①　I'm so nervous about tomorrow's contest.
영작 ②　I'm so nervous about speaking in public.

내 문장

I'm so nervous about going abroad because my English isn't that good.

나 영어 실력이 그다지 안 좋아서 해외로 나가는 게 너무 긴장돼.

🥢 오늘의 반찬

because+문장 = ~이기 때문에, ~라서
[예문 속 표현] **be not that 형용사** = 그다지 안 ~하다 / **good** = 좋은

✏️ 영작하기

① 나 사람들 앞에선 말을 잘 못해서 면접이 너무 긴장돼.
　[힌트] interview = 면접 / in front of people = 사람들 앞에서

② 이번이 처음이라서 나 너희 부모님 만나는 게 너무 긴장돼.
　[힌트] your parents = 너희 부모님 / first time = 처음

📄 내 문장 만들기

I'm so nervous about [＿＿＿＿＿] because [＿＿＿＿＿].

REC 바로 뱉고 녹음하기

MP3_115

예문　I'm so nervous about going abroad because my English isn't that good.

영작 ①　I'm so nervous about my interview because I can't speak well in front of people.

영작 ②　I'm so nervous about meeting your parents because it's the first time.

내 문장

Honestly,
I'm so nervous about going abroad because my English isn't that good.

솔직히, 나 영어 실력이 그다지 안 좋아서 해외로 나가는 게 너무 긴장돼.

💧 오늘의 참기름

honestly = 솔직히

→ **Honestly,** <u>I'm so nervous about ~</u> = 솔직히, <u>나 ~가 너무 긴장돼(떨려).</u>

✎ 영작하기

① 솔직히, 나 우리 첫 데이트가 너무 긴장돼, 그게(데이트가) 완벽하길 바라고 있거든.

　[힌트] first date = 첫 데이트 / want A to be perfect = A가 완벽해지길 바라다

② 솔직히, 나 운전 면허 시험이 너무 긴장돼, 이거 꼭 통과해야 되거든.

　[힌트] driving test = 운전 면허 시험 / have to-동사원형 = ~해야 한다 / pass = 통과하다

📄 내 문장 만들기

Honestly, I'm so nervous about [_____] because [_____].

REC 바로 뱉고 녹음하기

MP3_116

예문　Honestly, I'm so nervous about going abroad because my English isn't that good.

영작 ①　Honestly, I'm so nervous about our first date because I want it to be perfect.

영작 ②　Honestly, I'm so nervous about my driving test because I have to pass it.

내 문장

단어일 땐?

Wonder = 궁금하다

회화에선?

I **wonder** if ~

의미 ~인지 궁금해(모르겠어).

발음 아**원**덜이프 ~

어떤 것이 '궁금하다'고 말할 때 쓸 수 있는 좋은 앞머리 표현이 바로 'I wonder if ~'입니다. '궁금하다'라는 뜻의 단어 'wonder'에서 파생된 표현인데요. 'I wonder(난 궁금하다)' 뒤에 'if+문장'을 붙여 말하면 '난 ~인지 궁금하다'라는 뜻이 되고, 이를 한국어로 자연스럽게 풀이하면 '~인지 모르겠어'라고도 해석 가능합니다. 원어민들이 정말 자주 쓰는 표현 중 하나이니 입에서 바로 튀어나올 정도로 착! 붙여 두시기 바랍니다.

I wonder if 문장. = ~인지 궁금해(모르겠어).

REC **바로 뱉고 녹음해 보기**

MP3_117

연습 ① **I wonder if** she is alright.
그분이 괜찮은지 궁금해.
[어휘] alright = 괜찮은, 무사한

연습 ② **I wonder if** you remember me.
네가 날 기억할지 모르겠어.
[어휘] remember = 기억하다

I wonder if **I can get a refund.**

나 환불 받을 수 있을지 모르겠어.

🍚 오늘의 밥

I wonder if 문장. = ~인지 궁금해(모르겠어).

[예문 속 표현] **can+동사원형** = ~할 수 있다 / **get a refund** = 환불을 받다

✏️ 영작하기

① 네가 집에 무사히 도착했는지 궁금해.

[힌트] get back home safe = 집에 무사히 돌아가다 [과거형은 got back]

② 이 신발 저에게 맞는 사이즈로 갖고 계신지 궁금해요.

[힌트] shoes in my size = 내 사이즈에 맞는 신발

📄 내 문장 만들기

I wonder if [_____].

REC **바로 뱉고 녹음하기**

예문   I wonder if I can get a refund.
영작 ①   I wonder if you got back home safe.
영작 ②   I wonder if you have these shoes in my size.

MP3_118

내 문장

I wonder if I can get a refund without a receipt.

나 영수증 없이 환불 받을 수 있을지 모르겠어.

오늘의 반찬

without+명사 = ~없이
→ **without** a receipt = 영수증 없이

영작하기

① 내가 전화기 없이 한 달 동안 살 수 있을지 궁금해.
　[힌트] live for 기간 = ~동안 살다 / my phone = 내 전화기

② 네 도움 없이 내가 이 일을 오늘 끝낼 수 있을지 모르겠어.
　[힌트] finish = 끝내다 / this job = 이 일 / your help = 너의 도움

내 문장 만들기

I wonder if [_____] without [_____].

REC 바로 뱉고 녹음하기

MP3_119

예문　I wonder if I can get a refund
　　　without a receipt.

영작 ①　I wonder if I can live for a month
　　　without my phone.

영작 ②　I wonder if I can finish this job today
　　　without your help.

내 문장

To be honest,
I wonder if I can get a refund without a receipt.

솔직히, 나 영수증 없이 환불 받을 수 있을지 모르겠어.

오늘의 참기름

to be honest = 솔직히

→ **To be honest,** I wonder if ~ = 솔직히, ~인지 궁금해(모르겠어).

영작하기

① 솔직히, 예약 없이 호텔 객실을 구할 수 있을지 모르겠어.

[힌트] get a hotel room = 호텔 객실을 얻다[구하다] / reservation = 예약

② 솔직히, 내 도움 없이 네가 이걸 혼자서 할 수 있을지 모르겠어.

[힌트] by yourself = 네 스스로, 너 혼자 / my help = 나의 도움

내 문장 만들기

To be honest, I wonder if [_____] without [_____].

바로 뻗고 녹음하기

MP3_120

예문	To be honest, I wonder if I can get a refund without a receipt.
영작 ①	To be honest, I wonder if I can get a hotel room without a reservation.
영작 ②	To be honest, I wonder if you can do this by yourself without my help.

내 문장

단어일 땐?

Need = 필요하다

회화에선?

No **need** to ~

의미 ~할 필요 없어.

발음 노니–잇투 ~

누군가를 도와줬는데 그 사람이 내게 고마워하며 사례하고 싶어 할 경우 '아휴, <u>그러실 필요 없어요</u>'라는 말을 종종 하곤 합니다. 이 외에도 '걱정할 필요 없어, 사과할 필요 없어, 서두를 필요 없어'와 같이 다양한 상황에서 '~할 필요 없어'라는 말을 꽤나 자주 하는데, 이 말을 영어로 표현할 땐 'No need to ~'라는 앞머리 표현을 씁니다. 정말 간단한 형태로 유용하게 활용할 수 있는 회화 표현이니 입에 착! 붙여 두시기 바랍니다.

No need to-동사원형. = ~할 필요 없어.

REC **바로 뱉고 녹음해 보기**

MP3_121

연습 ① **No need to** worry.

걱정할 필요 없어.

[어휘] worry = 걱정하다

연습 ② **No need to** say sorry.

미안하다고 말할 필요 없어.

[어휘] say <u>sorry</u> = 미안함을 말하다

No need to **apologize.**

사과할 필요 없어.

🥄 오늘의 밥

No need to-동사원형. = ~할 필요 없어.

→ **No need to** <u>apologize</u>. = <u>사과</u>할 필요 없어.

✏️ 영작하기

① 고맙다고 할 필요 없어.

  [힌트] say <u>thanks</u> = <u>고마움을 말하다</u>

② 긴장할 필요 없어.

  [힌트] get nervous = 긴장하다

📋 내 문장 만들기

No need to [_____ **].**

REC 바로 뱉고 녹음하기

MP3_122

예문   No need to apologize.
영작 ① No need to say thanks.
영작 ② No need to get nervous.

내 문장 [   ]

No need to apologize
because I understand you.

사과할 필요 없어, 널 이해하거든.

🍷 오늘의 반찬

because+문장 = ~이기 때문에, ~라서 (위에서는 '~이거든'이라고 해석)

→ **because** I understand you = 내가 널 이해하거든

✏️ 영작하기

① 답장하실 필요 없습니다, 단체 이메일이거든요.

[힌트] reply = 답장하다 / group email= 단체 이메일

② 결제할 필요 없어, 내가 이미 그거 계산했거든.

[힌트] pay (for+명사) = (~을) 지불/결제/계산하다 [과거형은 paid] / already = 이미

📄 내 문장 만들기

No need to [_____] because [_____].

REC 바로 뱉고 녹음하기

MP3_123

예문　　No need to apologize
　　　　because I understand you.

영작 ①　No need to reply
　　　　because it's a group email.

영작 ②　No need to pay
　　　　because I already paid for it.

내 문장

It's alright,
no need to apologize
because I understand you.

괜찮아, 사과할 필요 없어, 널 이해하거든.

오늘의 참기름

it's alright = 괜찮아

→ **It's alright,** <u>no need to</u> ~ = 괜찮아, <u>~할 필요 없어.</u>

영작하기

① 괜찮아, 서두를 필요 없어, 우리 아직 시간 있거든.

[힌트] hurry = 서두르다 / still = 아직 / have time = 시간이 있다

② 괜찮아, 새것을 살 필요 없어, 그거 아직 작동하거든.

[힌트] buy = 사다 / new one = 새것 / work = (기계 등이) 작동하다

내 문장 만들기

It's alright, no need to [_____] because [_____].

REC 바로 뽑고 녹음하기

MP3_124

예문　**It's alright,**
　　　no need to apologize because I understand you.

영작 ①　**It's alright,**
　　　no need to hurry because we still have time.

영작 ②　**It's alright,**
　　　no need to buy a new one because it still works.

내 문장

단어일 땐?

Time = 시간

회화에선?

It's **time** to ~

의미 이제 ~할 시간이야(~할 때야).

발음 잇츠**타임**투 ~

한창 즐거운 시간을 보내다 이젠 마무리할 때가 돼서 '이제 집에 갈 시간이네'라고 말한다거나, 혹은 잘 시간이 되어 아이들에게 '이제 잘 시간이야'라고 가볍게 재촉하거나 크고 중대한 일을 앞두고 '이젠 결정할 때야'라고 말하는 것과 같이 '이젠 ~할 시간이야, ~할 때야'라는 말을 영어로 표현할 땐 'It's time to ~'라는 앞머리 표현을 씁니다. 회화에서 매우 빈번하게 쓰이는 표현이니 '잇츠타임투~'라고 입에 착! 붙여 두시기 바랍니다.

It's time to-동사원형. = 이제 ~할 시간이야(~할 때야).

REC **바로 뱉고 녹음해 보기**

MP3_125

연습 ① **It's time to** go home.

이제 집에 가야 할 시간이야.

[어휘] go home = 집에 가다, 귀가하다

연습 ② **It's time to** move on.

이제 앞으로 나아가야 할 때야.

[어휘] move on = 이동하다; 앞으로 나아가다

It's time to **go to bed.**

이제 자러 갈 시간이야.

오늘의 밥

It's time to-동사원형. = 이제 ~할 시간이야(~할 때야).

→ **It's time to** <u>go to bed</u>. = 이제 **자러 가야** 할 시간이야.

영작하기

① 이제 결정을 내릴 때야.

　　[힌트] make a decision = 결정을 하다

② 이제 내 삶에 있어 새로운 장을 열어야 할 때야.

　　[힌트] start <u>a new chapter</u> = 새로운 장을 시작하다[열다] / in my life = 내 삶에 있어

내 문장 만들기

It's time to [_____].

REC 바로 뱉고 녹음하기

MP3_126

예문　　It's time to go to bed.
영작 ①　It's time to make a decision.
영작 ②　It's time to start a new chapter in my life.

내 문장

It's time to go to bed
for tomorrow.

내일을 위해 이제 자러 갈 시간이야.

오늘의 반찬

for+명사 = ~을 위해

→ **for** <u>tomorrow</u> = <u>내일</u>을 위해

영작하기

① 이제 학교를 위해(학교 갈) 준비할 시간이야.

[힌트] get ready = 준비하다 / school = 학교

② 이제 새로운 시작을 위해 과거를 훌훌 털어 버릴 때야.

[힌트] <u>let go of</u> the past = 과거를 <u>놓다[버리다]</u> / new start = 새로운 시작

내 문장 만들기

It's time to [_____] for [_____].

바로 뱉고 녹음하기

MP3_127

예문	It's time to go to bed **for tomorrow.**
영작 ①	It's time to get ready **for school.**
영작 ②	It's time to let go of the past **for a new start.**

내 문장

I think
it's time to go to bed
for tomorrow.

내일을 위해 이제 자러 갈 시간이 된 것 같구나.

🔸 오늘의 참기름

I think+문장. = 난 ~라고 생각해. → ~인 것 같아.

→ **I think** <u>it's time to</u> ~ = ~할 시간(때)이 된 것 같아.

✏️ 영작하기

① 미래를 위해 이제 계획을 세울 때가 된 것 같아.

　[힌트] make plans = 계획을 세우다 / future = 미래

② 자기계발을 위해 직업을 바꿀 때가 된 것 같아.

　[힌트] make <u>a career change</u> = <u>직업 변경</u>을 하다 / self-improvement = 자기계발

📄 내 문장 만들기

I think it's time to [_____] for [_____].

REC 바로 뱉고 녹음하기

MP3_128

예문	**I think**	it's time to go to bed for tomorrow.
영작 ①	**I think**	it's time to make plans for the future.
영작 ②	**I think**	it's time to make a career change for self-improvement.

내 문장

단어일 땐?

Way = 길; 방법

회화에선?

I'm on my **way** to ~

의미 나 ~에 가는 길이야.

발음 암언마이**웨이**투 ~

어딘가 가고 있던 도중 누군가가 전화해서 지금 뭐하냐고 물어봤을 때 '나 ~에 가는 중이야' 라는 말을 곧잘 하곤 합니다. 이걸 영어로 표현할 때 쓰는 앞머리 표현이 'I'm on my way to ~'인데요. 이 표현을 직역하면 '난 ~로 향하는 나의 길 위에 있다'인데, 이는 결국 '나 ~에 가는 중이야'라고 자연스럽게 풀이됩니다. 시도 때도 없이 쓸 수 있는 아주 유용한 회화 표현이 니 입에 착! 붙여 자동으로 튀어나올 수 있게 만드세요.

I'm on my way to 장소/행사. = 나 ~에 가는 길이야.

REC 바로 뱉고 녹음해 보기

MP3_129

연습 ① **I'm on my way to** work.
나 직장에 가는 길이야. (= 나 출근하는 길이야.)
[어휘] work = 일, 직장

연습 ② **I'm on my way to** the gym.
나 헬스장에 가는 길이야.
[어휘] gym = 체육관, 헬스장

I'm on my way to **a meeting.**

나 회의하러 가는 길이야.

오늘의 밥

I'm on my way to 장소/행사. = 나 ~에 가는 길이야.

→ **I'm on my way to** <u>a meeting</u>. = 나 <u>회의</u>에(<u>회의</u>하러) 가는 길이야.

영작하기

① 나 병원 가는 길이야.

　[힌트] hospital = 병원

② 나 친구들이랑 저녁 먹으러 가는 길이야.

　[힌트] dinner = 저녁 식사 / with my friends = 내 친구들과 함께

내 문장 만들기

I'm on my way to [_____].

바로 뱉고 녹음하기

예문	I'm on my way to a meeting.
영작 ①	I'm on my way to the hospital.
영작 ②	I'm on my way to dinner with my friends.

MP3_130

내 문장

I'm on my way to a meeting right now.

나 지금 회의하러 가는 길이야.

🍽 **오늘의 반찬**

right now = 지금 (당장/현재)

→ I'm on my way to ~ **right now.** = 나 지금 ~에 가는 길이야.

✏️ **영작하기**

① 나 지금 고객이랑 점심 먹으러 가는 길이야.

[힌트] lunch = 점심 식사 / with <u>my client</u> = <u>나의 고객과 함께</u>

② 나 지금 친구 생일 파티에 가는 길이야.

[힌트] my friend's birthday party = 내 친구의 생일 파티

📄 **내 문장 만들기**

I'm on my way to [_____] right now.

 REC 바로 뱉고 녹음하기

	예문	I'm on my way to a meeting **right now.**
MP3_131	영작 ①	I'm on my way to lunch with my client **right now.**
	영작 ②	I'm on my way to my friend's birthday party **right now.**
내 문장		

Actually,
I'm on my way to a meeting right now.

실은, 나 지금 회의하러 가는 길이야.

오늘의 참기름

actually = 사실, 실은
→ **Actually,** I'm on my way to ~ = 사실[실은], 나 ~에 가는 길이야.

영작하기

① 실은, 나 지금 시댁에 가는 길이야.
   [힌트] my in-laws' house = 시댁

② 실은, 나 지금 고등학교 동창회에 가는 길이야.
   [힌트] high school reunion = 고등학교 동창회

내 문장 만들기

Actually, I'm on my way to [_____] right now.

 바로 뱉고 녹음하기

예문	Actually, I'm on my way to a meeting right now.
영작 ①	Actually, I'm on my way to my in-laws' house right now.
영작 ②	Actually, I'm on my way to the high school reunion right now.

MP3_132

내 문장

단어일 땐?

Turn = 돌리다

회화에선?

It turned **out** to be ~

의미 (알고 보니) 그거 ~였어.

발음 잇턴**다웃**투비 ~

A라고 생각했던 것이 B라고 판명되거나, 어떻게 될지 모르고 있던 것이 결국 어떠한 특정 사실로 드러났을 경우 우린 '그게 알고 보니 ~였네'라고 말하곤 합니다. 이 같은 말을 영어로 표현할 때 쓰는 앞머리 표현이 바로 'It turned out to be ~'인데요. '돌리다'라는 뜻의 'turn' 과 '바깥의'라는 뜻의 'out'이 만나 만들어진 이 표현은 '그것이 바깥으로 돌려진 상태가 되다 → 안에 있던 사실이 외부로 드러나다'와 같이 풀이해 볼 수 있습니다.

It turned out to be 명사/형용사. = (알고 보니) 그거 ~였어.

REC **바로 뱉고 녹음해 보기**

MP3_133

연습 ① **It turned out to be** a lie.

<u>알고 보니 그거 거짓말이었어.</u>

[어휘] lie = 거짓말

연습 ② **It turned out to be** wrong.

<u>알고 보니 그거 잘못된 거였어.</u>

[어휘] wrong = 잘못된

It turned out to be **a false rumor.**

알고 보니 그거 헛소문이었어.

🥄 오늘의 밥

It turned out to be 명사/형용사. = (알고 보니) 그거 ~였어.
→ **It turned out to be** <u>a false rumor</u>. = (알고 보니) 그거 **헛소문**이었어.

✎ 영작하기

① 알고 보니 그거 가짜였어.
  [힌트] fake = 가짜의, 거짓된

② 알고 보니 그거 오보였어.
  [힌트] false report = 허위 보고, 오보, 낭설

📋 내 문장 만들기

It turned out to be [_____].

REC 바로 뱉고 녹음하기

MP3_134

예문   It turned out to be a false rumor.
영작 ① It turned out to be fake.
영작 ② It turned out to be a false report.

내 문장

In the end,
it turned out to a false rumor.

결국, 그거 헛소문이었어.

◖▮ 오늘의 반찬

in the end = 결국

→ **In the end,** <u>it turned out to be ~</u> = 결국 <u>그거 ~였어.</u>

✎ 영작하기

① 결국, 그건 사실이었어.
   [힌트] true = 사실인

② 결국, 그건 사고였어.
   [힌트] accident = 사고

🖹 내 문장 만들기

In the end, it turned out to be [_____].

REC 바로 뱉고 녹음하기

MP3_135

예문	**In the end,** it turned out to a false rumor.
영작 ①	**In the end,** it turned out to be true.
영작 ②	**In the end,** it turned out to be an accident.

내 문장

Well,
in the end,
it turned out to a false rumor.

뭐, 결국, 그거 헛소문이었어.

 오늘의 참기름

well = 음, 글쎄, 뭐

→ **Well,** (in the end), it turned out to be ~ = 뭐, (결국), 그거 ~였어.

영작하기

① 뭐, 결국, 그건 굉장히 성공적인 걸로 결론 났어.

[힌트] (very) successful = (굉장히) 성공적인

② 뭐, 결국, 그건 굉장히 어리석은 생각이었어.

[힌트] (very) silly idea = (굉장히) 어리석은 생각

내 문장 만들기

Well, in the end, it turned out to be [_____].

REC **바로 뱉고 녹음하기**

MP3_136	예문	Well, in the end, it turned out to be a false rumor.
	영작 ①	Well, in the end, it turned out to be very successful.
	영작 ②	Well, in the end, it turned out to be a very silly idea.
내 문장		

단어일 땐?

Depend = 의존하다, 의지하다

회화에선?

It de**pen**ds on ~

의미 (결국) 그건 ~에 달려 있어.

발음 잇디**펜**젼 ~

우리가 살면서 맞닥뜨리는 다양한 상황은 어떠한 '조건'에 따라 그 결과가 달라지곤 합니다. 예를 들어 '날씨'에 따라 경기가 속행되거나 취소될 수도 있고, '교통 상황'에 따라 정시에 도착하거나 지각할 수도 있고, '관점'에 따라 해석이 달라질 수도 있죠. 이처럼 '~(라는 조건)에 달려 있다'라는 말을 영어로 할 땐 앞머리 표현 'It depends on ~'을 씁니다. 일상 회화에서 정말 밥 먹듯 쓰는 표현이니 입에 착! 붙여 두시기 바랍니다.

It depends on 명사(구). = (결국) 그건 ~에 달려 있어.

REC **바로 뱉고 녹음해 보기**

MP3_137

연습 ① **It depends on** the weather.

그건 날씨에 달려 있어.

[어휘] weather = 날씨

연습 ② **It depends on** the traffic.

그건 교통 상황에 달려 있어.

[어휘] traffic = 교통 (상황)

It depends on **your perspective.**

그건 네 관점에 달려 있어.

🥄 오늘의 밥

It depends on 명사(구). = (결국) 그건 ~에 달려 있어.

→ **It depends on** <u>your perspective</u>. = 그건 <u>네 관점</u>에 달려 있어.

✏️ 영작하기

① 그건 상황에 달려 있어. (= 그건 상황에 따라 달라요.)

　[힌트] situation = 상황

② 그건 네 결정에 달려 있어.

　[힌트] your decision = 너의 결정

📄 내 문장 만들기

It depends on [_____].

REC 바로 뱉고 녹음하기

MP3_138

예문　　It depends on your perspective.
영작 ①　It depends on the situation.
영작 ②　It depends on your decision.

내 문장

It all depends on your perspective.

그건 다 네 관점에 달려 있어.

오늘의 반찬

all = 다, 완전히
→ It **all** depends on ~ = 그건 다 ~에 달려 있어.

영작하기

① 그건 다 네 기준에 달려 있어.
[힌트] frame of reference = (판단을 결정하는) 기준, 준거

② 그건 다 네가 사물을 어떻게 보는지에 달려 있어.
[힌트] <u>how</u> you 동사 = 네가 어떻게 ~하는지 / look at things = 것들(사물들)을 보다

내 문장 만들기

It all depends on [_____].

REC 바로 뱉고 녹음하기

MP3_139

예문   It **all** depends on your perspective.
영작 ① It **all** depends on your frame of reference.
영작 ② It **all** depends on how you look at things.

내 문장

I think
it all depends on your perspective.

내 생각에 그건 다 네 관점에 달려 있어.

오늘의 참기름

I think+문장 = 내 생각에 ~야.

→ I think it all depends on ~ = 내 생각에 그건 다 ~에 달려 있는 거야.

영작하기

① 내 생각에 그건 다 네가 다른 사람들을 어떻게 대하는지에 달려 있어.

   [힌트] treat = 다루다, 취급하다 / others = 다른 사람들

② 내 생각에 그건 다 네가 뭘 하고 싶어 하는지에 달려 있어.

   [힌트] what you 동사 = 네가 뭘 ~하는지

내 문장 만들기

I think it all depends on [_____].

바로 뺃고 녹음하기

MP3_140

예문	I think it all depends on your perspective.
영작 ①	I think it all depends on how you treat others.
영작 ②	I think it all depends on what you want to do.
내 문장	

단어일 땐?

Pretend = ~인 척하다(가장하다)

회화에선?

I'll pre**ten**d ~

의미 ~인 걸로 할게.

발음 알프리**텐** ~

보고 싶고 듣고 싶지 않았던 상황들을 맞닥뜨렸을 경우 종종 '내가 못 본/들은 걸로 할게'라는 말을 하곤 합니다. 이럴 때 쓸 수 있는 앞머리 표현이 바로 'I'll pretend ~'인데요. '~인 척하다(가장하다)'라는 뜻의 단어 'pretend'에서 파생된 이 표현은 직역하면 '난 ~인 상황이었던 척할 것이다'이며, 이는 결국 '(그냥) ~라는 상황이었던 걸로 할게, ~인 걸로 할게'라고 풀이될 수 있습니다. 꽤나 유용한 표현이니 이번 기회에 확실히 내 것으로 만드세요.

I'll pretend 문장. = ~인 걸로 할게.

REC **바로 뱉고 녹음해 보기**

MP3_141

연습 ① **I'll pretend** I believe you.

(믿진 않지만) 내가 너 믿는 <u>걸로 할게</u>.

[어휘] believe = 믿다

연습 ② **I'll pretend** I didn't see that.

(봤지만) 내가 그거 못 본 <u>걸로 할게</u>.

[어휘] see = 보다 / that = 그것

I'll pretend I didn't hear that.

내가 그거 못 들은 걸로 할게.

오늘의 밥

I'll pretend 문장. = ~인 걸로 할게.

→ **I'll pretend** <u>I didn't hear (that)</u>. = 내가 (그거) <u>못 들은</u> 걸로 할게.

영작하기

① 내가 널 여기서 못 본 걸로 할게.

　　[힌트] see = 보다 / here = 여기(서)

② 그냥 네가 나한테 그거 안 물어본 걸로 할게.

　　[힌트] just = 그냥 / ask 사람 that = ~에게 그것을 묻다

내 문장 만들기

I'll pretend [_____].

REC 바로 뱉고 녹음하기

MP3_142

예문　　I'll pretend I didn't hear that.
영작 ①　I'll pretend I didn't see you here.
영작 ②　I'll pretend you didn't just ask me that.

내 문장

I'll just pretend I didn't hear that.

그냥 내가 그거 못 들은 걸로 할게.

🔊 오늘의 반찬

just = 그냥, 그저, 단지
→ I'll just pretend ~ = 그냥 ~인 걸로 할게.

✏️ 영작하기

① 그냥 네가 그걸 말하지 않은 걸로 할게.
　　[힌트] say that = 그것을 말하다

② 그냥 어젯밤 아무 일도 없었던 걸로 할게.
　　[힌트] nothing+동사 = 아무것도 ~하지 않다 / happen = 일어나다 [과거형은 happened]

📄 내 문장 만들기

I'll just pretend [_____].

REC 바로 뱉고 녹음하기

MP3_143

예문　　I'll just pretend I didn't hear that.
영작 ①　I'll just pretend you didn't say that.
영작 ②　I'll just pretend nothing happened last night.

내 문장 _____

Whatever,
I'll just pretend I didn't hear that.

뭐가 됐든, 그냥 내가 그거 못 들은 걸로 할게.

🔴 오늘의 참기름

whatever = 뭐가 됐든

→ **Whatever,** I'll just pretend ~ = 뭐가 됐든, 그냥 ~인 걸로 할게.

✏️ 영작하기

① 뭐가 됐든, 그냥 내가 그 사람(남자)이 아예 없었던 걸로 여길게.

　[힌트] never+동사 = 절대 ~하지 않다 / exist = 존재하다 [과거형은 existed]

② 뭐가 됐든, 그냥 우리 사이에 아무 일도 없었던 걸로 할게.

　[힌트] between us = 우리 사이에

📄 내 문장 만들기

Whatever, I'll just pretend [_____].

바로 뱉고 녹음하기

	예문	Whatever, I'll just pretend I didn't hear that.
MP3_144	영작 ①	Whatever, I'll just pretend he never existed.
	영작 ②	Whatever, I'll just pretend nothing happened between us.
내 문장		

단어일 땐?

Prefer = 선호하다, 더 좋아하다

회화에선?

I pre**fer** ~

의미 난 ~을 선호해.

발음 아이프리**펄** ~

둘 중 하나를 고르라고 물어봤을 때 '난 (둘 중) 이게 더 좋아'라고 말하는 경우가 있습니다. 혹은 '넌 어떤 음식이 좋아'라는 질문을 받았을 때 단순히 '난 한식을 좋아해'라고 말하기보다는 '난 한식을 선호해'라고 좀 더 강조하는 뉘앙스로 말할 수도 있고요. 이처럼 '난~을 선호해'라고 말할 때 쓸 수 있는 앞머리 표현이 바로 'I prefer ~'입니다. 모르면 큰일 나는 회화 필수 표현이니 입에 반드시 착! 붙여 두시기 바랍니다.

I prefer (동)명사. = 난 ~을 선호해.

REC **바로 뱉고 녹음해 보기**

MP3_145

연습 ① **I prefer** Korean food.

난 한식을 선호해.
[어휘] Korean food = 한국 음식, 한식

연습 ② **I prefer** walking.

난 걷는 걸 선호해.
[어휘] walk = 걷다

I prefer staying at home.

난 집에 있는 걸 선호해.

오늘의 밥

I prefer (동)명사. = 난 ~을 선호해.
→ I prefer staying (at home). = 난 (집에) 머무는(있는) 것을 선호해.

영작하기

① 난 평상복(캐주얼한 옷)을 선호해.
　[힌트] casual clothes = 캐주얼한 복장, 평상복

② 난 집에서 일하는 걸 선호해.
　[힌트] work at home = 집에서 일하다, 재택 근무를 하다

내 문장 만들기

I prefer [_____].

REC 바로 뱉고 녹음하기

MP3_146

예문　　 I prefer staying at home.
영작 ①　I prefer casual clothes.
영작 ②　I prefer working at home.

내 문장

I prefer staying at home
rather than going out.

난 밖에 나가는 것보단 집에 있는 걸 선호해.

 오늘의 반찬

rather than+(동)명사 = ~보다는

→ **rather than** <u>going out</u> = <u>밖에 나가는 것</u>보다는

✏️ **영작하기**

① 난 창가 쪽 자리보단 통로 쪽 자리를 선호해.

　[힌트] aisle seat = 통로 쪽 자리 / window seat = 창가 쪽 자리

② 난 단체 여행보다는 혼자 여행하는 걸 선호해.

　[힌트] travel alone = 혼자 여행하다 / travel in a group 단체로 여행하다

📄 **내 문장 만들기**

I prefer [_____] rather than [_____].

REC **바로 뱉고 녹음하기**

[QR code] MP3_147	예문　I prefer staying at home **rather than going out.**
	영작 ①　I prefer an aisle seat **rather than a window seat.**
	영작 ②　I prefer traveling alone **rather than in a group.**

내 문장

As for me,
I prefer staying at home
rather than going out.

내 경우, 난 밖에 나가는 것보단 집에 있는 걸 선호해.

 오늘의 참기름

as for me = 나로서는, 내 경우

→ **As for me,** <u>I prefer</u> ~ = 내 경우, <u>난 ~을 선호해.</u>

영작하기

① 내 경우, 난 네온 색상보다는 파스텔 색상을 선호해.

   [힌트] pastel colors = 파스텔 색상 / neon colors = 네온 색상

② 내 경우, 난 집에서 요리하기보단 외식하는 걸 선호해.

   [힌트] eat out = 외식하다 / cook at home = 집에서 요리하다

내 문장 만들기

As for me, I prefer [_____] rather than [_____].

REC **바로 뱉고 녹음하기**

MP3_148

예문	As for me, I prefer staying at home rather than going out.
영작 ①	As for me, I prefer pastel colors rather than neon colors.
영작 ②	As for me, I prefer eating out rather than cooking at home.
내 문장	

단어일 땐?

Think = 생각하다

회화에선?

I'm **think**ing about ~

의미 나 ~할까 생각 중이야.

발음 암**띵**낑어바웃 ~

우린 살면서 항상 선택의 기로에 있습니다. '어떤 걸 살까? 어떤 걸 할까?' 이런 작고 큰 무수한 고민을 하는 게 우리의 일상인데, 이럴 때 우린 '나 ~할까 (어쩔까) 생각 중이야'라는 말을 곧잘 하곤 합니다. 이걸 영어로 말할 땐 'I'm thinking about ~'이라는 앞머리 표현을 쓰는데, 말 그대로 '생각' 중이라는 표현이기 때문에 '생각하다'라는 뜻의 단어 'think'로 말합니다. 항상 선택의 기로에 있는 우리에게 매우 유용한 표현이니 입에 착! 붙여 두세요.

I'm thinking about (동)명사. = 나 ~할까 생각 중이야.

REC **바로 뱉고 녹음해 보기**

MP3_149

연습 ① **I'm thinking about** buying a new laptop.

나 새 노트북을 살까 생각 중이야.
[어휘] buy = 사다 / new laptop = 새로운 노트북

연습 ② **I'm thinking about** studying English again.

나 다시 영어를 공부할까 생각 중이야.
[어휘] study = 공부하다 / English = 영어 / again = 다시

I'm thinking about going abroad.

나 해외에 나갈까 생각 중이야.

🥣 오늘의 밥

I'm thinking about (동)명사. = 나 ~할까 생각 중이야.

→ I'm thinking about <u>going abroad</u>. = 나 <u>해외에 나갈</u>까 생각 중이야.

✏️ 영작하기

① 나 문신을 할까 생각 중이야.

[힌트] get <u>a tattoo</u> = <u>문신</u>을 하다

② 나 복학할까 생각 중이야.

[힌트] go back to school = 학교로 돌아가다, 복학하다

📋 내 문장 만들기

I'm thinking about [_____].

REC 바로 뱉고 녹음하기

MP3_150

예문   I'm thinking about going abroad.
영작 ① I'm thinking about getting a tattoo.
영작 ② I'm thinking about going back to school.

내 문장

I'm thinking about going abroad
to improve my English.

나 영어 실력을 늘리려고 해외에 나갈까 생각 중이야.

🍴 오늘의 반찬

to-동사원형 = ~하기 위해, ~하려고

→ **to improve** <u>my English</u> = 나의 영어 실력을 향상시키려고[늘리려고]

✏️ 영작하기

① 나 살 빼기 위해서 필라테스 수업을 들을까 생각 중이야.
　　[힌트] take a Pilates class = 필라테스 수업을 듣다 / lose weight = 살을 빼다

② 나 건강을 유지하기 위해서 술을 끊을까 생각 중이야.
　　[힌트] quit = 그만두다 / drinking = 음주 / stay healthy = 건강을 유지하다

📄 내 문장 만들기

I'm thinking about [_____] to [_____].

REC 바로 뱉고 녹음하기

MP3_151

예문　I'm thinking about going abroad
　　　to improve my English.

영작 ①　I'm thinking about taking a Pilates class
　　　to lose weight.

영작 ②　I'm thinking about quitting drinking
　　　to stay healthy.

내 문장 _____

Actually,
I'm thinking about going abroad
to improve my English.

실은, 나 영어 실력을 늘리려고 해외에 나갈까 생각 중이야.

오늘의 참기름

actually = 사실, 실은
→ Actually, I'm thinking about ~ = 사실[실은], 나 ~할까 생각 중이야.

영작하기

① 실은, 나 시간을 절약하려고 회사에 더 가깝게 이사 갈까 생각 중이야.
   [힌트] move closer to 장소 = ~에 더 가깝게 이사 가다 / save time = 시간을 절약하다

② 실은, 나 새로운 친구를 사귀려고 동호회에 가입할까 생각 중이야.
   [힌트] join a club = 동호회에 가입하다 / make new friends = 새로운 친구를 사귀다

내 문장 만들기

Actually, I'm thinking about [_____] to [_____] .

REC 바로 뱉고 녹음하기

	예문	Actually, I'm thinking about going abroad to improve my English.
MP3_152	영작 ①	Actually, I'm thinking about moving closer to work to save time.
	영작 ②	Actually, I'm thinking about joining a club to make new friends.
내 문장		

195

단어일 땐?

Interest = 관심; ~의 관심을 끌다

회화에선?

I'm **interested** in ~

의미 난 ~에 관심 있어.

발음 암**인**-터뤠스띠린 ~

우리가 가장 흔히 하는 말 중 하나가 '나 ~에 관심[흥미] 있어'라는 말입니다. 누군가 호감이 가는 사람이 있을 때에도 '나 걔한테 관심 있어'라고 말하고, 관심을 기울이고 있는 각종 활동이 생겼을 때에도 '나 ~(라는 활동)에 관심 있어'와 같이 말합니다. 이걸 영어로 표현할 때 쓰는 앞머리 표현이 바로 'I'm interested in ~'입니다. 정말 별 표시 5개 이상을 할 정도로 유용한 표현이니 자면서도 입에서 튀어나올 수 있도록 입에 착! 붙여 두세요.

I'm interested in (동)명사. = 난 ~에 관심 있어.

REC **바로 뱉고 녹음해 보기**

MP3_153

연습 ① **I'm interested in** you.

난 너에게 관심 있어.

[어휘] you = 너, 당신

연습 ② **I'm interested in** collecting stamps.

난 우표 수집에 관심 있어.

[어휘] collect = 모으다, 수집하다 / stamp = 우표

I'm interested in **video editing.**

난 영상 편집에 관심 있어.

🍽 오늘의 밥

I'm interested in (동)명사. = 난 ~에 관심 있어.

→ **I'm interested in** <u>video editing</u>. = 난 <u>영상 편집</u>에 관심 있어.

영작하기

① 난 주식 시장에 관심 있어.

  [힌트] stock market = 주식 시장

② 전 이 직책에 지원하는 것에 관심 있습니다. (= 이 직책에 지원하고 싶습니다.)

  [힌트] apply for 명사 = ~에 지원하다 / this position = 이 직책

📋 내 문장 만들기

I'm interested in [_____].

REC 바로 뱉고 녹음하기

예문	**I'm interested in** video editing.
영작 ①	**I'm interested in** the stock market.
영작 ②	**I'm interested in** applying for this position.

MP3_154

내 문장

I'm interested in video editing because of Youtube.

난 유튜브 때문에 영상 편집에 관심 있어.

 오늘의 반찬

because of+명사 = ~때문에
→ because of <u>Youtube</u> = <u>유튜브</u> 때문에

영작하기

① 전 당신의 업무 경력 때문에 당신과 함께 일하는 것에 관심 있습니다.
　　[힌트] work with you = 당신과 함께 일하다 / work experience = 업무 경력

② 전 저렴한 가격 때문에 당신의 아파트에 세 드는 것에 관심 있습니다.
　　[힌트] rent your apartment = 당신의 아파트에 세 들다 / cheap price = 저렴한 가격

내 문장 만들기

I'm interested in [_____] because of [_____].

REC **바로 뱉고 녹음하기**

예문	I'm interested in video editing because of Youtube.
영작 ①	I'm interested in working with you because of your work experience.
영작 ②	I'm interested in renting your apartment because of its cheap price.

MP3_155

내 문장

These days,
I'm interested in video editing because of Youtube.

요즘, 난 유튜브 때문에 영상 편집에 관심 있어.

● 오늘의 참기름

these days = 요즘

→ **These days,** I'm interested in ~ = 요즘, 난 ~에 관심 있어.

✎ 영작하기

① 요즘, 난 BTS라는 보이 밴드 때문에 케이팝에 관심 있어.

  [힌트] K-pop = 케이팝, 한국 음악 / boy band = 보이 밴드

② 요즘, 난 그들의(한국의) 문화 때문에 한국 역사에 관심 있어.

  [힌트] Korean history = 한국 역사 / culture = 문화

📄 내 문장 만들기

These days, I'm interested in [_____] because of [_____].

REC 바로 뱉고 녹음하기

MP3_156

예문	These days, I'm interested in video editing because of Youtube.
영작 ①	These days, I'm interested in K-pop because of the boy band BTS.
영작 ②	These days, I'm interested in Korean history because of their culture.

내 문장

단어일 땐?

Look = 보다

회화에선?

I'm **looking** for ~

의미 저 ~을 찾고(구하고) 있어요.

발음 암**룩**낑폴 ~

잃어버린 물건을 찾고 있다고 말하거나, 매장에서 어떤 물건을 찾고 있다고 말하거나, 길을 걸어가다 행인에게 자신이 어디를 찾고 있는 중이라고 말할 때 쓸 수 있는 정말 필수적인 앞머리 표현이 바로 'I'm looking for ~'입니다. 이 표현은 앞서 든 예시 외에도 '(요즘) 나 새로운 일자리를 구하고 있는 중이야'와 같은 말을 할 때에도 쓸 수 있습니다. 그만큼 활용도가 매우 높은 표현이니 반드시 입에 착! 붙여 두시기 바랍니다.

I'm looking for 명사. = 저 ~을 찾고(구하고) 있어요.

REC **바로 뱉고 녹음해 보기**

MP3_157

연습 ① **I'm looking for** my wallet.

저 제 지갑을 찾고 있어요.

[어휘] my wallet = 내 지갑

연습 ② **I'm looking for** Mr. Smith.

저 Smith 씨를 찾고 있는데요.

[어휘] Mr. Smith = Smith 씨

I'm looking for **a studio.**

저 원룸을 찾고 있어요.

🥢 오늘의 밥

I'm looking for 명사. = 저 ~을 찾고(구하고) 있어요.

→ **I'm looking for** <u>a studio</u>. = 저 <u>원룸</u>을 찾고(구하고) 있어요.

✏️ 영작하기

① 저 제 전화기를 찾고 있어요.

[힌트] my phone = 내 전화기

② 저 새 직장을 구하고 있어요.

[힌트] new job = 새 직업[직장]

📑 내 문장 만들기

I'm looking for [_____].

REC 바로 뱉고 녹음하기

예문   **I'm looking for** a studio.
영작 ① **I'm looking for** my phone.
영작 ② **I'm looking for** a new job.

MP3_158

내 문장

I'm looking for a studio near Gangnam station.

저 강남역 근처 원룸을 찾고 있어요.

 오늘의 반찬

near+장소 = ~근처 / **in** 사이즈[색상] = ~라는 사이즈[색상]인

→ **near** <u>Gangnam station</u> = <u>강남역</u> 근처

✏️ **영작하기**

① 저 이 근처에 머물 만한 곳을 찾고 있어요.

[힌트] place <u>to stay</u> = 머물[머물 만한] 곳 / near hear = 여기 근처, 이 근처

② 저 이 바지를 좀 더 큰 사이즈로 찾고 있어요.

[힌트] pants = 바지 / in a bigger size = 좀 더 큰 사이즈인

📄 **내 문장 만들기**

I'm looking for [_____] near/in [_____].

REC **바로 뱉고 녹음하기**

MP3_159

예문   I'm looking for a studio
      near Gangnam station.

영작 ① I'm looking for a place to stay
       near hare.

영작 ② I'm looking for these pants
       in a bigger size.

내 문장 [   ]

Excuse me,
I'm looking for a studio
near Gangnam station.

실례합니다, 저 강남역 근처 원룸을 찾고 있는데요.

오늘의 참기름

excuse me = 실례합니다

→ **Excuse me,** I'm looking for ~ = 실례합니다, 저 ~을 찾고 있는데요.

영작하기

① 실례합니다, 저 이 재킷을 밝은 갈색으로 찾고 있는데요.

[힌트] jacket = 재킷 / in light brown = 밝은 갈색인

② 실례합니다, 저 책임자를 찾고 있는데요.

[힌트] the person in charge = 책임이 있는 사람 → 책임자

내 문장 만들기

Excuse me, I'm looking for [_____] near/in [_____] .

REC 바로 뽑고 녹음하기

MP3_160

예문　Excuse me,
I'm looking for a studio near Gangnam station.

영작 ①　Excuse me,
I'm looking for this jacket in light brown.

영작 ②　Excuse me,
I'm looking for the person in charge.

내 문장

단어일 땐?

Can = ~할 수 있다

회화에선?

You can ~

의미 ~해도 돼.

발음 유캔 ~

우리는 보통 'can'이라는 단어가 '~할 수 있다'라는 뜻만 갖고 있다고 생각하는 경우가 많은데, can은 '~해다 된다'는 '허락'의 뉘앙스로도 사용됩니다. 따라서 오늘 소개된 'You can ~'이라는 앞머리 표현은 '넌 ~해도 돼'라는 뉘앙스로 풀이되기 때문에 '내 물건 빌려가도 돼, 나한테 전화해도 돼, 이제 가도 돼, 여기 있어도 돼'와 같이 말할 때 사용 가능합니다. 단순하지만 활용도가 매우 높은 표현이니 입에 착! 붙여 두시기 바랍니다.

You can 동사원형. = ~해도 돼.

REC **바로 뱉고 녹음해 보기**

MP3_161

연습 ① **You can** borrow my pen.

내 펜 빌려가도 돼.

[어휘] borrow = 빌리다 / pen = 펜

연습 ② **You can** leave now.

지금 가셔도 됩니다.

[어휘] leave = 출발하다, 떠나다

You can stay here tonight.

오늘 밤 여기 있어도 돼.

오늘의 밥

You can 동사원형. = ~해도 돼.

→ **You can <u>stay</u> here (tonight).** = (오늘 밤) 여기 <u>있어</u>도 돼.

영작하기

① 내 책 빌려가도 돼.

[힌트] borrow = 빌리다 / my book = 내 책

② 나한테 뭐든 말해도 돼.

[힌트] tell 사람 A = ~에게 A를 말하다 / anything = 무엇이든

내 문장 만들기

You can [_____].

REC 바로 뱉고 녹음하기

MP3_162

예문　You can stay here tonight.
영작 ①　You can borrow my book.
영작 ②　You can tell me anything.

내 문장

You can stay here tonight
if you want.

네가 원한다면 오늘 밤 여기 있어도 돼.

🥢 오늘의 반찬

if you want = 네가 원한다면
→ You can 동사원형 **if you want.** = 네가 원한다면 ~해도 돼.

✏️ 영작하기

① 네가 원하면 내 컴퓨터 써도 돼.
　　[힌트] use = 사용하다, 쓰다 / my computer = 내 컴퓨터

② 네가 원하면 내 재킷 입어도 돼.
　　[힌트] wear = 입다 / my jacket = 내 재킷

📋 내 문장 만들기

You can [_____] if you want.

REC 바로 뱉고 녹음하기

MP3_163

예문　　You can stay here tonight
　　　　if you want.

영작 ①　You can use my computer
　　　　if you want.

영작 ②　you can wear my jacket
　　　　if you want.

내 문장

Of course,
You can stay here tonight
if you want.

물론, 네가 원한다면 오늘 밤 여기 있어도 돼.

 오늘의 참기름

of course = 물론

→ Of course, <u>you can</u> ~ = 물론, <u>~해도 돼</u>.

✎ **영작하기**

① 물론, 네가 원한다면 우리와 함께해도 돼.

[힌트] join+사람 = ~와 함께하다

② 물론, 네가 원한다면 지금 가도 돼.

[힌트] go = 가다 / now = 지금

📄 **내 문장 만들기**

Of course, you can [_____] if you want.

REC **바로 뺄고 녹음하기**

MP3_164	예문	Of course, you can stay here tonight if you want.
	영작 ①	Of course, you can join us if you want.
	영작 ②	Of course, you can go now if you want.
내 문장		

단어일 땐?

First = 첫째의; 우선

회화에선?

It's my **first tim**e ~

의미 나 ~하는 건 처음이야.

발음 잇츠마이**펄숫타**임 ~

지금껏 해 보지 못한 걸 처음으로 보고, 듣고, 체험하게 됐을 때 우린 '나 ~해 보는 건 처음이야'라는 말을 신기함에 들떠서, 혹은 처음이라는 긴장감에 들떠서 말하는 경우가 종종 있습니다. 이럴 때 쓸 수 있는 앞머리 표현이 바로 'It's my first time ~'인데요. 'It's my first time ~' 뒤에 처음으로 해 본 각종 활동을 넣어 말하면 되는데, 이때 '동사원형-ing' 형태를 넣어서 말하면 된다는 걸 염두에 두고 입에 착! 붙여 두도록 하세요.

It's my first time 동사원형-ing. = 나 ~하는 건 처음이야.

REC **바로 뱉고 녹음해 보기**

MP3_165

연습 ① **It's my first time** seeing a real elephant.
나 진짜 코끼리를 보는 건 처음이야.
[어휘] see = 보다 / real elephant = 진짜 코끼리

연습 ② **It's my first time** going to America.
나 미국에 가 보는 건 처음이야.
[어휘] go to 장소 = ~에 가다 / America = 미국

It's my first time meeting him in person.

나 그 사람을 직접 만나는 건 처음이야.

오늘의 밥

It's my first time 동사원형-ing. = 나 ~하는 건 처음이야.
[예문 속 표현] **meet 사람 in person** = ~을 직접 만나다

영작하기

① 나 무지개를 보는 건 처음이야.
  [힌트] see = 보다 / rainbow = 무지개

② 나 이런 걸 해 보는 건 처음이야.
  [힌트] do = 하다 / something <u>like this</u> = <u>이와 같은</u> 것 → 이런 것

내 문장 만들기

It's my first time [_____].

REC 바로 뱉고 녹음하기

예문   It's my first time meeting him in person.
영작 ①   It's my first time seeing a rainbow.
영작 ②   It's my first time doing something like this.

MP3_166

내 문장

It's my first time meeting him in person. I'm so excited.

나 그 사람을 직접 만나는 건 처음이야. 나 너무 흥분돼.

🍽 오늘의 반찬

I'm 형용사. = 나 (기분이/상태가) ~해.

→ **I'm (so) excited.** = 나 (너무) 흥분돼.

✏️ 영작하기

① 나 비행기 타는 건 처음이야. 나 긴장돼.

　[힌트] get on a plain = 비행기를 타다 / nervous = 긴장한

② 나 해외로 나가는 건 처음이야. 나 너무 흥분돼.

　[힌트] go overseas = 해외로 나가다

📄 내 문장 만들기

It's my first time [_____]. I'm [_____].

REC 바로 뱉고 녹음하기

MP3_167

예문　It's my first time meeting him in person.
　　　I'm so excited.

영작 ①　It's my first time getting on a plain.
　　　I'm nervous.

영작 ②　It's my first time going overseas.
　　　I'm so excited.

내 문장

Actually,
it's my first time meeting him
in person. I'm so excited.

실은, 나 그 사람을 직접 만나는 건 처음이야. 나 너무 흥분돼.

🔵 오늘의 참기름

actually = 사실, 실은

→ **Actually,** <u>it's my first time ~</u> = 사실[실은], <u>나 ~하는 건 처음이야.</u>

🖊 영작하기

① 실은, 나 자전거 타는 건 처음이야. 나 약간 긴장돼.

　　[힌트] ride a bike = 자전거를 타다 / a little 형용사 = 약간 ~한

② 실은, 나 이렇게 많이 먹는 건 처음이야. 나 너무 배불러.

　　[힌트] eat this much = 이렇게 많이 먹다 / stuffed = 배가 너무 부른

📋 내 문장 만들기

Actually, it's my first time [_____]. I'm [_____].

REC 바로 뱉고 녹음하기

MP3_168

예문　Actually,
　　　it's my first time meeting him in person. I'm so excited.

영작 ①　Actually,
　　　it's my first time riding a bike. I'm a little nervous.

영작 ②　Actually,
　　　it's my first time eating this much. I'm stuffed.

내 문장

단어일 땐?

Forget = 잊다, 까먹다

회화에선?

Don't for**get** to ~

의미 ~하는 거 잊지 마.

발음 돈폴**겟**투 ~

상대방에게 '꼭 ~하세요'라고 말하고 싶을 경우 'must(~해야 한다)'라는 표현을 써서 말하면 너무 과하게 강한 뉘앙스로 받아들여질 수 있습니다. 이럴 때 쓸 수 있는 좋은 앞머리 표현이 'Don't forget to ~'입니다. 가령, 외출하기 전 창문을 닫아야 한다는 말을 하고 싶을 때 '창문 닫는 거 잊지 마'라고 말한다거나, 회의 시작 전 '회의 참석하는 걸 잊지 마세요'와 같이 완곡하게 상기시키고 싶을 때 'Don't forget to ~'를 쓰면 됩니다.

Don't forget to-동사원형. = ~하는 거 잊지 마.

REC **바로 뱉고 녹음해 보기**

MP3_169

연습 ① **Don't forget to** close the windows!

창문 닫는 거 잊지 마!

[어휘] close = 닫다 / window = 창문

연습 ② **Don't forget to** do the laundry!

빨래하는 거 잊지 마!

[어휘] do the laundry = 빨래를 하다

Don't forget to take this medicine!

이 약 먹는 거 잊지 마!

오늘의 밥

Don't forget to-동사원형. = ~하는 거 잊지 마.

→ **Don't forget to take** this medicine. = 이 약 복용하는(먹는) 거 잊지 마.

영작하기

① 회의에 참석하는 거 잊지 마세요!

[힌트] attend = 참석하다 / meeting = 회의

② 손 씻는 거 잊지 마!

[힌트] wash = 씻다 / your hands = 너의 양손

내 문장 만들기

Don't forget to [_____].

바로 뱉고 녹음하기

MP3_170

예문	Don't forget to take this medicine!
영작 ①	Don't forget to attend the meeting!
영작 ②	Don't forget to wash your hands!

내 문장

Don't forget to take this medicine after meals!

식후에 이 약 먹는 거 잊지 마!

오늘의 반찬

before/after (동)명사 = ~전에/후에
→ after meals = 식사(를 한) 후에, 식후에

영작하기

① 저녁 먹고 이빨 닦는 거 잊지 마!
   [힌트] brush your teeth = 너의 이빨을 닦다 / dinner = 저녁 식사

② 자러 가기 전에 샤워하는 거 잊지 마!
   [힌트] take a shower = 샤워를 하다 / go to bed = 자러 가다

내 문장 만들기

Don't forget to [_____] before/after [_____].

REC 바로 뱉고 녹음하기

MP3_171

예문	Don't forget to take this medicine after meals!
영작 ①	Don't forget to brush your teeth after dinner!
영작 ②	Don't forget to take a shower before going to bed.

내 문장

Hey,
don't forget to take this medicine after meals!

저기, 식후에 이 약 먹는 거 잊지 마!

오늘의 참기름

hey = 저기
→ **Hey,** <u>don't forget to</u> ~ = 저기, ~하는 거 잊지 마.

영작하기

① 저기, 떠나기 전에 소지품 확인하는 거 잊지 마!
[힌트] check = 확인하다 / your belongings = 너의 소지품 / leave = 떠나다

② 저기, 나가기 전에 침대 정리하는 거 잊지 마!
[힌트] make your bed = 너의 침대를 정리하다 / go out = 나가다

내 문장 만들기

Hey, don't forget to [_____] before/after [_____].

REC 바로 뱉고 녹음하기

MP3_172

예문 Hey,
don't forget to take this medicine after meals!

영작 ① Hey,
don't forget to check your belongings before leaving!

영작 ② Hey,
don't forget to make your bed before going out!

내 문장

단어일 땐?

Make = 만들다

회화에선?

What makes you **think** that ~?

의미 왜 ~라고 생각해?

발음 왓메익슈**띵**댓 ~?

살다 보면 종종 상대방이 '왜 그렇게 생각할까?'라고 궁금증이 유발될 때가 있습니다. 이처럼 내 생각과 다른 의견을 가진 사람들에게 '왜 ~라고 생각해?'라는 질문을 던질 수가 있는데요. 이럴 때 쓰는 앞머리 표현이 바로 'What makes you think that ~?'입니다. 직역하면 '무엇이 네가 ~라고 생각하게 만들었니?'인데, 이를 좀 더 자연스럽게 해석하면 '왜 ~라고 생각해?'라고 풀이됩니다. 참고로 여기서 'that'은 생략 가능합니다.

What makes you think (that) 문장? = 왜 ~라고 생각해?

REC 바로 뱉고 녹음해 보기

MP3_173

연습 ① **What makes you think (that)** I don't like you?

왜 내가 널 안 좋아한다고 생각해?

[어휘] like = 좋아하다

연습 ② **What makes you think (that)** I'm a nerd?

왜 내가 괴짜라고 생각해?

[어휘] nerd = 괴짜, 찌질한 범생이

What makes you think (that) I'm a heavy drinker?

왜 내가 주당이라고 생각해?

🥣 오늘의 밥

What makes you think (that) 문장? = 왜 ~라고 생각해?

[예문 속 표현] **heavy drinker** = 술을 잘 마시는 사람, 술고래, 주당

✏️ 영작하기

① 왜 내가 여자 친구가 없다고 생각해?

[힌트] have a girlfriend = 여자 친구가 있다

② 왜 저희가 당신을 고용해야 한다고 생각하시나요?

[힌트] should+동사원형 = ~해야 한다 / hire+사람 = ~을 고용하다

📄 내 문장 만들기

What makes you think (that) [_____]?

REC 바로 뱉고 녹음하기

예문   What makes you think (that) I'm a heavy drinker?

영작 ①   What makes you think (that) I don't have a girlfriend?

영작 ②   What makes you think (that) we should hire you?

MP3_174

내 문장

What makes you think (that) I'm a heavy drinker, because I never get drunk?

왜 내가 주당이라고 생각할까, 내가 절대 안 취해서?

오늘의 반찬

because+문장 = ~이기 때문에, ~라서
[예문 속 표현] **never+동사** = 절대 안 ~하다 / **get drunk** = 취하다

영작하기

① 왜 내가 김치를 못 먹는다고 생각할까, 내가 외국인이라서?

[힌트] can't+동사원형 = ~할 수 없다 / eat = 먹다 / foreigner = 외국인

② 왜 내가 화났다고 생각할까, 내가 무표정이어서?

[힌트] angry = 화난 / have <u>a blank face</u> = <u>무표정한 얼굴을 갖고[하고] 있다</u>

내 문장 만들기

What makes you think (that) [_____] because [_____]?

REC 바로 뱉고 녹음하기

MP3_175

예문   What makes you think (that) I'm a heavy drinker, **because I never get drunk?**

영작 ①   What makes you think (that) I can't eat Kimchi, **because I'm a foreigner?**

영작 ②   What makes you think (that) I'm angry, **because I have a blank face?**

내 문장

Well, what makes you think (that) I'm a heavy drinker, because I never get drunk?

글쎄, 왜 내가 주당이라고 생각할까, 내가 절대 안 취해서?

💧 오늘의 참기름

well = 음, 글쎄, 뭐

→ **Well,** <u>what makes you think (that)</u> ~? = 글쎄, <u>왜 ~라고 생각해?</u>

✏️ 영작하기

① 글쎄, 왜 걔(남자)가 내 친구라고 생각할까, 우리가 동급생이어서?

[힌트] classmate = 동급생, 급우

② 글쎄, 왜 이게 특별하다고 생각할까, 이게 명품 브랜드라서?

[힌트] special = 특별한 / luxury brand = 명품 브랜드

📄 내 문장 만들기

Well, what makes you think (that) [_____] because [_____]?

REC 바로 뱉고 녹음하기

MP3_176

예문	**Well,** what makes you think (that) I'm a heavy drinker, because I never get drunk?
영작 ①	**Well,** what makes you think (that) he's my friend, because we're classmates?
영작 ②	**Well,** what makes you think (that) it's special, because it's a luxury brand?

내 문장

219

단어일 땐?

Look = 보다

회화에선?

I'm looking **forwar**d to ~

의미 나 ~이 기대돼(~을 기다리고 있어).

발음 암룩낑**포**월-투 ~

한국어로도 즐거운 행사나 일정, 소식, 만남 등을 앞두고 '나 ~이 기대돼, 나 ~을 기다리고 있어'라고 말하는 경우가 많습니다. 이걸 영어로 표현할 때 쓰는 앞머리 표현이 바로 'I'm looking forward to ~'인데요. 직역하면 '~하길 고대하고 있다'라고 해석되기 때문에 회화에서 제대로 활용되지 못하는 경우가 많습니다. 이 표현은 그냥 각종 다양한 상황에서 '~을 기다리고/기대하고 있다'라고 말할 때 편히 사용하시면 됩니다.

I'm looking forward to (동)명사. = 나 ~이 기대돼(~을 기다리고 있어).

REC **바로 뱉고 녹음해 보기**

MP3_177

연습 ① **I'm looking forward to** the weekend.

나 주말이 기대돼.
[어휘] weekend = 주말

연습 ② **I'm looking forward to** seeing you again.

다시 만나 뵙게 되길 기다리고 있습니다.
[어휘] see 사람 = ~을 보다[만나다] / again = 다시

I'm looking forward to a dinner party.

나 저녁 파티가 기대돼.

🥄 오늘의 밥

I'm looking forward to (동)명사. = 나 ~이 기대돼(~을 기다리고 있어).

→ **I'm looking forward to** <u>a dinner party</u>. = 나 <u>저녁 파티</u>가 기대돼.

✏️ 영작하기

① 나 내 생일이 기대돼.

　　[힌트] my birthday = 나의 생일

② 나 네 소식 듣길 기다리고 있어.

　　[힌트] hear from 사람 = ~의 소식을 듣다

📄 내 문장 만들기

I'm looking forward to [_____].

REC 바로 뱉고 녹음하기

예문	**I'm looking forward to** a dinner party.
영작 ①	**I'm looking forward to** my birthday.
영작 ②	**I'm looking forward to** hearing from you.

MP3_178

내 문장

I'm looking forward to a dinner party tonight.

나 오늘 밤 저녁 파티가 기대돼.

🍽 오늘의 반찬

tonight = 오늘 밤 / **tomorrow** = 내일
never+때 = 다음 번 ~라는 때 → next <u>week/year</u> = 다음 주/해

✏ 영작하기

① 나 내일 축구 경기가 기대돼.
  [힌트] soccer game = 축구 경기

② 전 내년에 당신과 함께 일할 것이 기대됩니다.
  [힌트] work with you = 당신과 함께 일하다

📋 내 문장 만들기

I'm looking forward to [_____] [_____].

REC 바로 뱉고 녹음하기

MP3_179

예문	I'm looking forward to a dinner party **tonight**.
영작 ①	I'm looking forward to the soccer game **tomorrow**.
영작 ②	I'm looking forward to working with you **next year**.

내 문장

Yeah, I'm really looking forward to a dinner party tonight.

응, 나 오늘 밤 저녁 파티가 정말 기대돼.

오늘의 참기름

yeah = 응 / really = 정말
→ **Yeah, I'm really** <u>looking forward to</u> ~ = 응, <u>나 ~이</u> 정말 <u>기대돼(기다려져)</u>.

영작하기

① 응, 나 이번 여름 휴가가 정말 기대돼.
　　[힌트] my vacation = 나의 휴가 / this summer = 이번 여름

② 응, 나 다음 주에 너 만날 게 정말 기대돼.
　　[힌트] meet 사람 = ~을 만나다

내 문장 만들기

Yeah, I'm really looking forward to [_____] [_____].

 바로 뱉고 녹음하기

예문	Yeah, I'm **really** looking forward to a dinner party tonight.
영작 ①	Yeah, I'm **really** looking forward to my vacation this summer.
영작 ②	Yeah, I'm **really** looking forward to meeting you next week.

MP3_180

내 문장

단어일 땐?

Obsess = 사로잡다, 강박감을 갖다

회화에선?

I'm ob**sess**ed with ~

의미 나 ~에 푹 빠졌어(집착하고 있어).

발음 암옵**쎄**-스윗 ~

앉으나 서나, 자나 깨나, 어떤 한 가지가 계속해서 생각날 경우 '난 ~에 (집착 수준으로) 푹 빠졌어'라고 말할 수 있는데요. 이럴 때 쓸 수 있는 앞머리 표현이 바로 'I'm obsessed with ~'입니다. 예를 들어 SF 영화에 푹 빠져 한 작품도 빼 놓지 않고 찾아 보고 수십 개의 영화 제목을 달달 외울 정도로 푹 빠졌을 경우 'I'm obsessed with ~'를 써서 말할 수 있습니다. 자, 이제 어떤 뉘앙스로 이 표현을 쓰면 되는지 감이 오시죠?

I'm obsessed with (동)명사. = 나 ~에 푹 빠졌어(집착하고 있어).

REC **바로 뱉고 녹음해 보기**

MP3_181

연습 ① **I'm obsessed with** hip hop.
나 힙합에 푹 빠져 있어.
[어휘] hip hop = 힙합 음악

연습 ② **I'm obsessed with** being perfect.
나 완벽해야 된다는 사실에 집착하고 있어.
[어휘] perfect = 완벽한

I'm obsessed with Youtube.

나 유튜브에 푹 빠졌어.

🥣 오늘의 밥

I'm obsessed with (동)명사. = 나 ~에 푹 빠졌어(집착하고 있어).

→ I'm obsessed with Youtube. = 나 유튜브에 푹 빠졌어.

✏️ 영작하기

① 나 중고 거래에 푹 빠졌어.

　　[힌트] second hand deals = 중고 거래

② 나 말라깽이처럼 되는 거에 집착하고 있어.

　　[힌트] be skinny = 삐쩍 마르다, 말라깽이처럼 되다

📋 내 문장 만들기

I'm obsessed with [＿＿＿＿＿＿＿＿＿＿＿＿].

REC 바로 뱉고 녹음하기

MP3_182

예문　　I'm obsessed with Youtube.
영작 ①　I'm obsessed with second hand deals.
영작 ②　I'm obsessed with being skinny.

내 문장

I'm obsessed with Youtube, especially Vlog videos.

나 유튜브에 푹 빠졌어, 특히 브이로그 동영상.

오늘의 반찬

especially+명사 = 특히 ~

→ **especially** <u>Vlog videos</u> = 특히 <u>브이로그 동영상</u>

영작하기

① 나 매운 음식에 푹 빠졌어, 특히 마라탕.
  [힌트] spicy food = 매운 음식 / Malatang = 마라탕

② 나 실내용 화초에 푹 빠졌어, 특히 미니 선인장.
  [힌트] house plant = 실내용 화초 / (mini) cactus = (미니) 선인장

내 문장 만들기

I'm obsessed with [_____], especially [_____].

REC 바로 뱉고 녹음하기

MP3_183

예문	I'm obsessed with Youtube, **especially Vlog videos.**
영작 ①	I'm obsessed with spicy food, **especially Malatang.**
영작 ②	I'm obsessed with house plants, **especially mini cactus.**

내 문장

Right,
I'm obsessed with Youtube,
especially Vlog videos.

맞아, 나 유튜브에 푹 빠졌어, 특히 브이로그 동영상.

오늘의 참기름

right = 맞아

→ **Right,** I'm obsessed with ~. = 맞아, 나 ~에 푹 빠졌어(집착하고 있어).

영작하기

① 맞아, 나 중국 음식에 푹 빠졌어, 특히 짬뽕.

   [힌트] Chinese food = 중국 음식 / Jjamppong = 짬뽕

② 맞아, 나 쇼핑에 푹 빠졌어, 특히 신발 쇼핑.

   [힌트] shopping = 쇼핑 / shoe shopping = 신발 쇼핑

내 문장 만들기

Right, I'm obsessed with [_____], especially [_____].

 ## 바로 뱉고 녹음하기

예문	Right, I'm obsessed with Youtube, especially Vlog videos.
영작 ①	Right, I'm obsessed with Chinese food, especially Jjamppong.
영작 ②	Right, I'm obsessed with shopping, especially shoe shopping.

MP3_184

내 문장

단어일 땐?

Available = 시간이 있는

회화에선?

I'm a**vail**able for ~

의미 나 ~할 시간 돼(있어).

발음 암어**베일**러블포 ~

누군가 여러분에게 같이 밥 먹을 수 있는지 물어보거나 행사에 참석 가능한지 물어봤을 때 시간이 될 경우 '나 밥 먹을 시간 돼, 나 거기 갈 시간 있어'라고 말할 수 있을 겁니다. 이처럼 '나 ~할 시간 돼(있어)'라고 말할 땐 '시간이 있는, 이용 가능한'이라는 뜻의 단어 'available' 에서 파생된 'I'm available for ~'라는 앞머리 표현을 씁니다. 'I'm available for ~' 뒤에 다양한 활동 및 행사를 넣어서 말하면 되니 참 쉽고 간단하죠?

I'm available for 명사. = 나 ~할 시간 돼(있어).

REC **바로 뱉고 녹음해 보기**

MP3_185

연습 ① **I'm available for** lunch.

나 점심 먹을 시간 돼.

[어휘] lunch = 점심 식사

연습 ② **I'm available for** the party.

나 파티에 갈 시간 있어.

[어휘] party = 파티

I'm available for **a meeting.**

나 회의할 시간 돼.

🥄 오늘의 밥

I'm available for 명사. = 나 ~할 시간 돼(있어).

→ **I'm available for** <u>a meeting</u>. = 나 <u>회의</u>할 시간 돼.

✏️ 영작하기

① 나 저녁 먹을 시간 돼.

　　[힌트] dinner = 저녁 식사

② 나 네 생일 파티에 갈 시간 있어.

　　[힌트] your birthday party = 너의 생일 파티

📄 내 문장 만들기

I'm available for [_____ **].**

REC 바로 뱉고 녹음하기

예문　　 **I'm available for** a meeting.
영작 ①　 **I'm available for** for dinner.
영작 ②　 **I'm available for** your birthday party.

MP3_186

내 문장 _____

229

I'm available for a meeting
from 10 a.m. to 11 a.m.

나 오전 10시부터 11시까지 회의할 시간 돼.

🥢 오늘의 반찬

from 시각1 **to** 시각2 = 시각1부터 시각2까지
on+요일 = ~요일에 / **this**+요일 = 이번 주 ~요일에

✒️ 영작하기

① 저 화요일 오후 2시부터 면접에 참석할 시간이 됩니다.
   [힌트] interview = 면접 / 2 p.m. = 오후 2시 / Tuesday = 화요일

② 나 이번 주 금요일 퇴근 후에 술 한잔할 시간 있어.
   [힌트] a drink = 술 한잔 / Friday = 금요일 / after work = 퇴근 후

📄 내 문장 만들기

I'm available for [_____] [_____].

REC 바로 뱉고 녹음하기

MP3_187

예문	I'm available for a meeting from 10 a.m. to 11 a.m.
영작 ①	I'm available for an interview from 2 p.m. on Tuesday.
영작 ②	I'm available for a drink this Friday after work.

내 문장

Well,
I'm available for a meeting
from 10 a.m. to 11 a.m.

글쎄, 나 오전 10시부터 11시까지 회의할 시간 돼.

 오늘의 참기름

well = 음, 글쎄, 뭐

→ **Well,** I'm available for ~ = 글쎄, 나 ~할 시간 돼(있어).

영작하기

① 글쎄, 나 수업 중간에 30분 동안 점심 먹을 시간 돼.

[힌트] for 시간 = ~동안 / between classes = 수업 사이에[중간에]

② 글쎄, 나 이번 주 목요일 퇴근 후에 저녁 먹을 시간 있어.

[힌트] dinner = 저녁 식사 / Thursday = 목요일

내 문장 만들기

Well, I'm available for [_____] [_____].

REC **바로 뺄고 녹음하기**

MP3_188

예문　Well,
　　　I'm available for a meeting from 10 a.m. to 11 a.m.
영작 ①　Well,
　　　I'm available for lunch for 30 minutes between classes.
영작 ②　Well,
　　　I'm available for dinner this Thursday after work.

내 문장

단어일 땐?

Want = 원하다

회화에선?

I **want** you to ~

의미 네가 ~했으면 해.

발음 아**원**유투 ~

'난 ~하길 원해'라는 뜻의 'I want to ~'라는 표현은 다들 잘 알지만 내가 아닌 상대방에게 '네가 ~하길 원해'라고 말하는 표현은 잘 모르는 분들이 많으실 수 있습니다. 이 표현 또한 '원하다'라는 뜻의 단어 'want'를 써서 말하면 되는데, 'you(너, 당신)'를 want와 to 사이에 넣어서 'I want you to ~'라는 어순으로 말하면 됩니다. 상대방에게 뭔가를 바라거나 요구할 때 쓸 수 있는 아주 유용한 표현이니 입에 착! 붙여 두시기 바랍니다.

I want you to-동사원형. = 네가 ~했으면 해.

REC **바로 뱉고 녹음해 보기**

MP3_189

연습 ① **I want you to** come.

네가 왔으면 해.

[어휘] come = 오다

연습 ② **I want you to** join us.

네가 우리와 함께했으면 해.

[어휘] join+사람 = ~에 합류하다[함께하다]

I want you to **finish this report.**

네가 이 보고서를 끝냈으면 해.

오늘의 밥

I want you to-동사원형. = 네가 ~했으면 해.

→ **I want you to finish** this report. = 네가 이 보고서를 끝냈으면 해.

영작하기

① 네가 거짓말 좀 그만 했으면 해.

   [힌트] stop 동사원형-ing = ~하는 것을 그만하다 / lie = 거짓말하다

② 네가 나에게 솔직했으면 해.

   [힌트] be honest with 사람 = ~에게 솔직하다

내 문장 만들기

I want you to [_____].

 바로 뱉고 녹음하기

예문   I want you to finish this report.
영작 ① I want you to to stop lying.
영작 ② I want you to be honest with me.

MP3_190

내 문장

I want you to finish this report by tomorrow.

네가 내일까지 이 보고서를 끝냈으면 해.

오늘의 반찬

by+때 = ~까지

→ **by** <u>tomorrow</u> = 내일까지

영작하기

① 화요일까지 제게 송장을 보내주셨으면 합니다.

　[힌트] send 사람 A = ~에게 A를 보내다 / invoice = 송장 / Tuesday = 화요일

② 네가 오후 3시 30분까지 내 사무실로 왔으면 해.

　[힌트] come to 장소 = ~에 오다 / my office = 내 사무실 / 3:30 p.m. = 오후 3시 30분

내 문장 만들기

I want you to [_____] by [_____].

바로 뱉고 녹음하기

MP3_191

예문	I want you to finish this report by tomorrow.
영작 ①	I want you to send me the invoice by Tuesday.
영작 ②	I want you to come to my office by 3:30 p.m.
내 문장	

Listen,
I want you to finish this report
by tomorrow.

저기, 네가 내일까지 이 보고서를 끝냈으면 해.

🫗 오늘의 참기름

listen = 들어 봐, 저기

→ **Listen,** I want you to ~ = 저기, 네가 ~했으면 해.

✏️ 영작하기

① 저기, 네가 12시까지 내게 답변을 줬으면 해.

[힌트] give 사람 an answer = ~에게 답변을 주다 / noon = 정오[12시]

② 저기, 네가 오늘 오후까지 숙제를 끝냈으면 해.

[힌트] finish = 끝내다 / your homework = 너의 숙제 / this afternoon = 오늘 오후

📄 내 문장 만들기

Listen, I want you to [_____] by [_____].

 바로 뱉고 녹음하기

MP3_192

예문   Listen,
      I want you to finish this report by tomorrow.

영작 ① Listen,
      I want you to give me an answer by noon.

영작 ② Listen,
      I want you to finish your homework by this afternoon.

내 문장

단어일 땐?

Time = 시간

회화에선?

I don't have time to ~

의미 나 ~할 시간 없어.

발음 아**돈해브타**임투 ~

바쁜 일상을 사는 우리가 입에 달고 사는 표현 중 하나가 바로 '나 시간 없어'입니다. 일하다 보면 밥 먹을 시간이 없을 때도 있고, 일정이 빠듯해 뭔가를 기다릴 시간이 없을 때도 있고, 그러니 '낭비할 시간 없어'라는 말도 자주 하게 되곤 합니다. 이걸 영어로 말할 때 쓸 수 있는 앞머리 표현이 바로 'I don't have time to ~'입니다. 말 그대로 '시간(time)'이 '없다(don't have)'라는 뜻의 표현이니 머릿속에 새겨 넣기 별로 어렵지 않죠?

I don't have time to-동사원형. = 나 ~할 시간 없어.

REC **바로 뱉고 녹음해 보기**

MP3_193

연습 ① **I don't have time to** waste.

나 낭비할 시간 없어.

[어휘] waste = 낭비하다

연습 ② **I don't have time to** wait.

나 기다릴 시간 없어.

[어휘] wait = 기다리다

I don't have time to talk to you.

나 너랑 얘기할 시간 없어.

🍚 오늘의 밥

I don't have time to-동사원형. = 나 ~할 시간 없어.

→ **I don't have time to talk to you.** = 나 너랑 얘기할 시간 없어.

✏️ 영작하기

① 나 설명할 시간 없어.

　　[힌트] explain = 설명하다

② 나 질문에 다 답할 시간 없어.

　　[힌트] answer all the questions = 모든 질문들에 답하다

📋 내 문장 만들기

I don't have time to [_____].

 REC 바로 뱉고 녹음하기

예문　　I don't have time to talk to you.
영작 ①　I don't have time to explain.
영작 ②　I don't have time to answer all the questions.

MP3_194

내 문장 [   ]

I don't have time to talk to you right now.

나 지금 너랑 얘기할 시간 없어.

🍽 오늘의 반찬

right now = 지금 (당장/현재)

→ I don't have time to-동사원형 right now. = 나 지금 ~할 시간 없어.

✏ 영작하기

① 나 지금 거기에 대해서 생각할 시간 없어.

　　[힌트] think about 명사 = ~에 대해 생각하다

② 나 지금 너랑 말다툼할 시간 없어.

　　[힌트] argue with 사람 = ~와 다투다[언쟁하다]

📄 내 문장 만들기

I don't have time to [_____] right now.

REC 바로 뱉고 녹음하기

MP3_195	예문	I don't have time to talk to you right now.
	영작 ①	I don't have time to think about it right now.
	영작 ②	I don't have time to argue with you right now.

내 문장

Actually,
I don't have time to talk to you right now.

사실, 나 지금 너랑 얘기할 시간 없어.

🌢 오늘의 참기름

actually = 사실, 실은

→ **Actually,** I don't have time to ~ = 사실[실은], 나 ~할 시간 없어.

✎ 영작하기

① 사실, 나 지금 그걸 논의할 시간 없어.

　[힌트] discuss+명사 = ~을 논하다

② 사실, 나 지금 점심 먹을 시간 없어.

　[힌트] eat = 먹다 / lunch = 점심 식사

📄 내 문장 만들기

Actually, I don't have time to [_____] right now.

REC 바로 뱉고 녹음하기

MP3_196

예문　　Actually,
　　　 I don't have time to talk to you right now.

영작 ①　Actually,
　　　 I don't have time to discuss this right now.

영작 ②　Actually,
　　　 I don't have time to eat lunch right now.

내 문장

단어일 땐?

Best = 최고의

회화에선?

I'll do my best to ~

의미 ~하기 위해 최선을 다할게(할 거야).

발음 알두마이베슷투 ~

내가 맡거나 해야 할 일, 혹은 내가 성취해내고자 하는 일들을 두고 '최선을 다해 ~할 거야' 라고 말하는 경우가 종종 있습니다. 이럴 때 쓸 수 있는 앞머리 표현이 바로 'I'll do my best to ~'인데요. '최고의'라는 뜻의 단어 'best'를 활용해 'do my best = 나의 최선을 행하다'라 고 하면 결국 '최선을 다하다'라는 뜻이 되고, 이 앞뒤에 'I'll / to-동사원형'을 붙여 말하면 '~ 하기 위해 최선을 다하다, 최선을 다해 ~하다'라는 뉘앙스의 표현이 됩니다.

I'll do my best to-동사원형. = ~하기 위해 최선을 다할게(할 거야).

REC **바로 뱉고 녹음해 보기**

MP3_197

연습 ① **I'll do my best to** make it.
해내기 위해 최선을 다할 거야.
[어휘] make it = 해내다, 성공하다

연습 ② **I'll do my best to** take care of him.
걔를 돌보기 위해 최선을 다할게.
[어휘] take care of 사람 = ~을 돌보다

I'll do my best to find the best solution.

가장 좋은 해결책을 찾기 위해 최선을 다할게.

오늘의 밥

I'll do my best **to-동사원형**. = ~하기 위해 최선을 다할게(할 거야).

[예문 속 표현] **find** = 찾다 / **the best solution** = 가장 좋은 해결책

영작하기

① 시험에 통과하기 위해 최선을 다할 거야.

　　[힌트] pass the exam = 시험에 통과하다[합격하다]

② 널 행복하게 해 주기 위해 최선을 다할 거야.

　　[힌트] make 사람 happy = ~을 행복하게 만들다

내 문장 만들기

I'll do my best to [_____].

REC 바로 뱉고 녹음하기

MP3_198

예문　　I'll do my best to find the best solution.
영작 ①　I'll do my best to pass the exam.
영작 ②　I'll do my best to make you happy.

내 문장

I'll do my best to
find the best solution for everyone.

모두를 위한 가장 좋은 해결책을 찾기 위해 최선을 다할게.

오늘의 반찬

for+명사 = ~을 위해

→ **for** everyone = 모두를 위해

영작하기

① 내 꿈을 위해 영어 실력을 늘리고자 최선을 다할 거야.

　[힌트] improve my English = 나의 영어 실력을 늘리다 / my dream = 나의 꿈

② 내 건강과 가족을 위해 담배를 끊고자 최선을 다할 거야.

　[힌트] quit = 그만두다 / smoking = 흡연 / my health[family] = 나의 건강[가족]

내 문장 만들기

I'll do my best to [＿＿＿＿＿＿＿＿＿] for [＿＿＿＿＿].

바로 뱉고 녹음하기

MP3_199

예문　　I'll do my best to find the best solution
　　　　for everyone.

영작 ①　I'll do my best to improve my English
　　　　for my dream.

영작 ②　I'll do my best to quit smoking
　　　　for my health and my family.

내 문장

I promise,
I'll do my best to
find the best solution for everyone.

약속할게, 모두를 위한 가장 좋은 해결책을 찾기 위해 최선을 다할게.

🌢 오늘의 참기름

I promise = 약속할게

→ I promise, I'll do my best to ~ = 약속할게, ~하기 위해 최선을 다할게(할 거야).

✏️ 영작하기

① 약속해요, 금메달을 위해 경기에서 이기고자 최선을 다할게요.
　　[힌트] win the game = 경기[시합]를 이기다 / gold medal = 금메달

② 약속해요, 여러분을 위한 가장 멋진 공연을 선보이기 위해 최선을 다할게요.
　　[힌트] give the best performance = 가장 멋진 공연을 선보이다

📄 내 문장 만들기

I promise, I'll do my best to [_____] for [_____].

REC 바로 뱉고 녹음하기

MP3_200

예문	I promise, I'll do my best to find the best solution for everyone.
영작 ①	I promise, I'll do my best to win the game for the gold medal.
영작 ②	I promise, I'll do my best to give the best performance for you.

내 문장

부록

NOTEBOOK

나의 영어
혼잣말
700
문장쓰기노트

200일간 총 700개의 영어 문장을
입으로 바로 뱉고 말하며 녹음하는
혼잣말 훈련과 함께 노트에 필기까지 하면서

뇌에 200% 각인시키기!

001~004 ⌃ I've been to ~

001 앞머리 표현 장착

연습 ① _____

연습 ② _____

002 밥짓기

예문 | _____

영작 ① | _____

영작 ② | _____

내 문장 | _____

핵심 표현 | New York = 뉴욕 / Beijing = (중국의 수도) 베이징, 북경 / Japan = 일본

003 반찬 더하기

예문 | _____

영작 ① | _____

영작 ② | _____

내 문장 | _____

핵심 표현 | my sister = 나의 언니·누나·여동생 / my family = 나의 가족 / my friend = 나의 친구

004 참기름 뿌리기

예문 | _____

영작 ① | _____

영작 ② | _____

내 문장 | _____

핵심 표현 | Vietnam = 베트남 / my colleague = 나의 (직장) 동료

005~008 ⌇ I used to ~

005 앞머리 표현 장착

연습 ①
_____

연습 ②
_____

🍴 006 밥짓기

예문 |
_____

영작 ① |
_____

영작 ② |
_____

내 문장 |
_____

핵심 표현 | go to the gym = 헬스장에 가다 / skip breakfast = 아침을 거르다 / drink = 음주하다

🥣 007 반찬 더하기

예문 |
_____

영작 ① |
_____

영작 ② |
_____

내 문장 |
_____

핵심 표현 | every 요일 = 매주 ~요일마다 / every weekend = 매 주말마다

💧 008 참기름 뿌리기

예문 |
_____

영작 ① |
_____

영작 ② |
_____

내 문장 |
_____

핵심 표현 | every summer = 매년 여름마다 / every Friday night = 매주 금요일 밤마다

009~012　It's getting ~

009 앞머리 표현 장착

연습 ①
_____

연습 ②
_____

010 밥짓기

예문　|
_____

영작 ①　|
_____

영작 ②　|
_____

내 문장　|
_____

핵심 표현　| more expensive = 더 비싼 / worse = 더 나쁜 / more complicated = 더 복잡한

011 반찬 더하기

예문　|
_____

영작 ①　|
_____

영작 ②　|
_____

내 문장　|
_____

핵심 표현　| purchase = 구매하다 / wake up early = 일찍 일어나다 / raise children = 아이들을 키우다

012 참기름 뿌리기

예문　|
_____

영작 ①　|
_____

영작 ②　|
_____

내 문장　|
_____

핵심 표현　| find personal information = 개인 정보를 찾다 / meet each other = 서로 만나다

013~016 ⌒ I'm going to ~

013 앞머리 표현 장착

연습 ① _____

연습 ② _____

🥄 014 밥짓기

예문 | _____

영작 ① | _____

영작 ② | _____

내 문장 | _____

핵심 표현 | learn how to-동사원형 = ~하는 법을 배우다 / order 음식 for dinner = 저녁으로 ~을 시키다

🍚 015 반찬 더하기

예문 | _____

영작 ① | _____

영작 ② | _____

내 문장 | _____

핵심 표현 | after college = 대학 졸업 후 / before bed = 자기 전 / after work = 퇴근 후

💧 016 참기름 뿌리기

예문 | _____

영작 ① | _____

영작 ② | _____

내 문장 | _____

핵심 표현 | lose weight = 살을 빼다 / take 사람 to dinner = ~을 저녁 식사에 모시다

017~020 ⌣ I'm supposed to ~

017 앞머리 표현 장착

연습 ①　　　　　　　　　　　　　　　　　　　　　　　　　　　　　　

연습 ②　　　　　　　　　　　　　　　　　　　　　　　　　　　　　　

018 밥짓기

예문　|

영작 ①　|

영작 ②　|

내 문장　|

핵심 표현　| send an e-mail = 이메일을 보내다 / pick 사람 up = ~을 데리고 오다 / go home = 집에 가다

019 반찬 더하기

예문　|

영작 ①　|

영작 ②　|

내 문장　|

핵심 표현　| by 시각 = ~시까지 / at 시각 = ~시에 / in 시간 = ~시간 후에

020 참기름 뿌리기

예문　|

영작 ①　|

영작 ②　|

내 문장　|

핵심 표현　| finish homework = 숙제를 끝내다 / pick 사람 up at 시각 = ~시에 ~을 데리고 오다

021~024 💭 It's up to ~

021 앞머리 표현 장착

연습 ①

연습 ②

🥄 **022** 밥짓기

예문 |

영작 ① |

영작 ② |

내 문장 |

핵심 표현 | the owner = 주인, 소유주

🍚 **023** 반찬 더하기

예문 |

영작 ① |

영작 ② |

내 문장 |

핵심 표현 | run the company = 회사를 운영하다 / look after = 돌보다 / teach = 가르치다

💧 **024** 참기름 뿌리기

예문 |

영작 ① |

영작 ② |

내 문장 |

핵심 표현 | make the final decision = 최종 결정을 내리다 / make a (good) movie = (좋은) 영화를 만들다

025~028 I'm down for ~

025 앞머리 표현 장착

연습 ①

연습 ②

026 밥짓기

예문 |

영작 ① |

영작 ② |

내 문장 |

핵심 표현 | pizza = 피자 / go bowling = 볼링을 치러 가다

027 반찬 더하기

예문 |

영작 ① |

영작 ② |

내 문장 |

핵심 표현 | no matter what the others say/like = 다른 사람들이 뭘 말하든/좋아하든

028 참기름 뿌리기

예문 |

영작 ① |

영작 ② |

내 문장 |

핵심 표현 | picnic = 소풍 / project = 프로젝트

029~032 ⌒ I'm heading to ~

029 앞머리 표현 장착

연습 ①

_____

연습 ②

_____

030 밥짓기

예문 ｜

_____

영작 ① ｜

_____

영작 ② ｜

_____

내 문장 ｜

_____

핵심 표현 ｜ the Han River Park = 한강 공원 / library = 도서관 / convenience store = 편의점

031 반찬 더하기

예문 ｜

_____

영작 ① ｜

_____

영작 ② ｜

_____

내 문장 ｜

_____

핵심 표현 ｜ for jogging = 조깅하러 / for coffee = 커피 마시러 / for grocery shopping = 장보러

032 참기름 뿌리기

예문 ｜

_____

영작 ① ｜

_____

영작 ② ｜

_____

내 문장 ｜

_____

핵심 표현 ｜ for shoe shopping = 신발 쇼핑하러, 신발 사러 / for a company meeting = 회사 미팅하러

033~036 ⌇ I'd like to ~

033 앞머리 표현 장착

연습 ①
_____

연습 ②
_____

🍚 034 밥짓기

예문 |
_____

영작 ① |
_____

영작 ② |
_____

내 문장 |
_____

> **핵심 표현 |** go somewhere new = 새로운 곳에 가다 / try = 시도하다; 노력하다 / learn = 배우다

🍜 035 반찬 더하기

예문 |
_____

영작 ① |
_____

영작 ② |
_____

내 문장 |
_____

> **핵심 표현 |** travel = 여행하다 / go to the beach = 해변에 가다 / old friends = 오래된 친구들

💧 036 참기름 뿌리기

예문 |
_____

영작 ① |
_____

영작 ② |
_____

내 문장 |
_____

> **핵심 표현 |** travel abroad = 해외로 여행을 가다 / have deep conversations = 깊은 대화를 하다[나누다]

037 앞머리 표현 장착

연습 ①
_____

연습 ②
_____

038 밥짓기

예문 |
_____

영작 ① |
_____

영작 ② |
_____

내 문장 |
_____

핵심 표현 | keep this job = 이 일을 계속하다 / talk to 사람 = ~에게 말하다 / serve = 제공하다

039 반찬 더하기

예문 |
_____

영작 ① |
_____

영작 ② |
_____

내 문장 |
_____

핵심 표현 | poor pay = 박봉 / bad weather = 악천후 / rude receptionist = 무례한 접수 담당자

040 참기름 뿌리기

예문 |
_____

영작 ① |
_____

영작 ② |
_____

내 문장 |
_____

핵심 표현 | laziness = 게으름 / make it on time = 정시에 도착하다 / heavy traffic = 교통 체증

041~044 There is a ~

041 앞머리 표현 장착

연습 ①

연습 ②

042 밥짓기

예문 |

영작 ① |

영작 ② |

내 문장 |

핵심 표현 | coffee shop = 커피숍 / Chinese restaurant = 중식당 / big difference = 큰 차이점

043 반찬 더하기

예문 |

영작 ① |

영작 ② |

내 문장 |

핵심 표현 | in front of 장소 = ~앞에 / near 장소 = ~근처에 / between A and B = A와 B 사이에

044 참기름 뿌리기

예문 |

영작 ① |

영작 ② |

내 문장 |

핵심 표현 | taxi stand = 택시 승강장 / empty seat = 빈 좌석 / next to 장소 = ~옆에

045 앞머리 표현 장착

연습 ①

연습 ②

🥄 046 밥짓기

예문 |

영작 ① |

영작 ② |

내 문장 |

핵심 표현 | quit my job = 일을 그만두다 / make a mistake = 실수하다 / supernatural powers = 초능력

🍵 047 반찬 더하기

예문 |

영작 ① |

영작 ② |

내 문장 |

핵심 표현 | get a 10 billion won = 100억원을 얻다 / become someone else = 다른 사람이 되다

🌢 048 참기름 뿌리기

예문 |

영작 ① |

영작 ② |

내 문장 |

핵심 표현 | leave = 떠나다 / ask 사람 for a date = ~에게 데이트를 신청하다

049~052 🎧 I'm into ~

049 앞머리 표현 장착

연습 ①
_____

연습 ②
_____

🥄 050 밥짓기

예문 |
_____

영작 ① |
_____

영작 ② |
_____

내 문장 |
_____

핵심 표현 | study English = 영어를 공부하다 / play tennis = 테니스를 치다 / new game = 새로운 게임

🍚 051 반찬 더하기

예문 |
_____

영작 ① |
_____

영작 ② |
_____

내 문장 |
_____

핵심 표현 | Pilates = 필라테스 / play video games = 비디오 게임을 하다

💧 052 참기름 뿌리기

예문 |
_____

영작 ① |
_____

영작 ② |
_____

내 문장 |
_____

핵심 표현 | board game = 보드 게임 / mountain climbing = 등산

053~056 ⌇ It's not that ~

053 앞머리 표현 장착

연습 ①

_____

연습 ②

_____

🍚 054 밥짓기

예문 |

_____

영작 ① |

_____

영작 ② |

_____

내 문장 |

_____

> 핵심 표현 | difficult = 어려운 / different = 다른 / close = 가까운; 긴밀한

🍜 055 반찬 더하기

예문 |

_____

영작 ① |

_____

영작 ② |

_____

내 문장 |

_____

> 핵심 표현 | far = 멀리 있는, 먼 / expensive = 비싼 / than you think = 네 생각보다

💧 056 참기름 뿌리기

예문 |

_____

영작 ① |

_____

영작 ② |

_____

내 문장 |

_____

> 핵심 표현 | simple = 간단한; 단순한 / complicated = 복잡한

057~060 ⌢ I'm about to ~

057 앞머리 표현 장착

연습 ①

연습 ②

🥣 058 밥짓기

예문 |

영작 ① |

영작 ② |

내 문장 |

핵심 표현 | clean = 청소하다 / take a shower = 샤워하다 / go to bed = 자러 가다, 자다

🥣 059 반찬 더하기

예문 |

영작 ① |

영작 ② |

내 문장 |

핵심 표현 | go grocery shopping = 장을 보러 가다 / make a reservation = 예약을 하다

💧 060 참기름 뿌리기

예문 |

영작 ① |

영작 ② |

내 문장 |

핵심 표현 | do the dishes[laundry] = 설거지[빨래]를 하다 / go out for dinner = 저녁 먹으러 나가다

061~064 ∴ as long as ~

061 앞머리 표현 장착

연습 ①

_____

연습 ②

_____

062 밥짓기

예문 |

_____

영작 ① |

_____

영작 ② |

_____

내 문장 |

핵심 표현 | trust yourself = 너 자신을 믿다 / do your best = 너의 최선을 다하다 / make it = 해내다

063 반찬 더하기

예문 |

_____

영작 ① |

_____

영작 ② |

_____

내 문장 |

핵심 표현 | healthy = 건강한 / confident = 자신감 있는 / pass the interview = 면접에 통과하다

064 참기름 뿌리기

예문 |

_____

영작 ① |

_____

영작 ② |

_____

내 문장 |

핵심 표현 | give up = 포기하다 / achieve = (~을) 성취하다 해내다 / be together = 함께 있다

065~068 I could use ~

065 앞머리 표현 장착

연습 ①
_____

연습 ②
_____

066 밥짓기

예문 |
_____

영작 ① |
_____

영작 ② |
_____

내 문장 |
_____

핵심 표현 | coffee = 커피 / phone = 전화기 / your advice = 너의 조언[충고]

067 반찬 더하기

예문 |
_____

영작 ① |
_____

영작 ② |
_____

내 문장 |
_____

핵심 표현 | nap = 낮잠 / sleepy = 졸린 / feel drowsy = 나른함을 느끼다 / too hot = 너무 뜨거운

068 참기름 뿌리기

예문 |
_____

영작 ① |
_____

영작 ② |
_____

내 문장 |
_____

핵심 표현 | dead = (배터리가) 죽은, 방전된 / get something on my clothes = 옷에 뭐가 묻다

069~072　I doubt that ~

069 앞머리 표현 장착

연습 ①

_____

연습 ②

_____

070 밥짓기

예문　|

_____

영작 ①　|

_____

영작 ②　|

_____

내 문장　|

_____

핵심 표현　| pass the test = 시험에 합격하다 / come on time = 정시에 오다 / win = 이기다

071 반찬 더하기

예문　|

_____

영작 ①　|

_____

영작 ②　|

_____

내 문장　|

_____

핵심 표현　| study hard enough = 공부를 충분히 열심히 하다 / keep the secret = 비밀을 지키다

072 참기름 뿌리기

예문　|

_____

영작 ①　|

_____

영작 ②　|

_____

내 문장　|

_____

핵심 표현　| homebody = 집에 있길 좋아하는 사람 / forgive = 용서하다 / mad at 사람 = ~에게 화난

073~076 ⌣ compared to ~

073 앞머리 표현 장착

연습 ①

_____

연습 ②

_____

🥄 074 밥짓기

예문 |

_____

영작 ① |

_____

영작 ② |

_____

내 문장 |

_____

핵심 표현 | last year = 작년 / more expensive = 더 비싼 / harder = 더 어려운 / cheaper = 더 싼

🍜 075 반찬 더하기

예문 |

_____

영작 ① |

_____

영작 ② |

_____

내 문장 |

_____

핵심 표현 | last[this] summer = 지난[이번] 여름 / city[country] life = 도시[전원] 생활

💧 076 참기름 뿌리기

예문 |

_____

영작 ① |

_____

영작 ② |

_____

내 문장 |

_____

핵심 표현 | price = 가격 / higher = 더 높은 / food = 음식 / healthier = 더 건강한

077 앞머리 표현 장착

연습 ①

연습 ②

078 밥짓기

예문 |

영작 ① |

영작 ② |

내 문장 |

핵심 표현 | buy what I want = 내가 원하는 것을 사다

079 반찬 더하기

예문 |

영작 ① |

영작 ② |

내 문장 |

핵심 표현 | work fine = 잘 작동하다 / drive a car = 차를 운전하다

080 참기름 뿌리기

예문 |

영작 ① |

영작 ② |

내 문장 |

핵심 표현 | watch animations = 만화를 보다 / vegetarian = 채식주의자 / illegal = 불법적인

081~084 ⌣ I'm sick of ~

081 앞머리 표현 장착

연습 ① _____

연습 ② _____

082 밥짓기

예문 | _____

영작 ① | _____

영작 ② | _____

내 문장 | _____

핵심 표현 | wear a mask = 마스크를 쓰다 / nagging = 잔소리(하는 것) / be alone = 혼자이다

083 반찬 더하기

예문 | _____

영작 ① | _____

영작 ② | _____

내 문장 | _____

핵심 표현 | skin problem = 피부 문제 / overtime = 야근 / a lot of homework = 많은 양의 숙제

084 참기름 뿌리기

예문 | _____

영작 ① | _____

영작 ② | _____

내 문장 | _____

핵심 표현 | hangover = 숙취 / get hurt = 다치다, 상처가 나다 / lie = 거짓말하다; 거짓말

085~088 I'm good at ~

085 앞머리 표현 장착

연습 ①
_____

연습 ②
_____

086 밥짓기

예문 |
_____

영작 ① |
_____

영작 ② |
_____

내 문장 |
_____

핵심 표현 | sing = 노래하다 / video game = 비디오 게임 / make friends = 친구를 사귀다

087 반찬 더하기

예문 |
_____

영작 ① |
_____

영작 ② |
_____

내 문장 |
_____

핵심 표현 | soccer = 축구 / cook = 요리하다 / Korean cuisine = 한국 음식

088 참기름 뿌리기

예문 |
_____

영작 ① |
_____

영작 ② |
_____

내 문장 |
_____

핵심 표현 | ball game = 구기 종목 / table tennis = 탁구 / take pictures = 사진을 찍다

089~092　I'm afraid I can't ~

089 앞머리 표현 장착

연습 ①　_____

연습 ②　_____

090 밥짓기

예문　｜_____

영작 ①　｜_____

영작 ②　｜_____

내 문장　｜_____

핵심 표현 ｜ attend the seminar = 세미나에 참석하다 / agree with 사람 = ~의 말에 동의하다

091 반찬 더하기

예문　｜_____

영작 ①　｜_____

영작 ②　｜_____

내 문장　｜_____

핵심 표현 ｜ have my hands full = 너무 바쁘다 / accept the offer = 제안을 수락하다

092 참기름 뿌리기

예문　｜_____

영작 ①　｜_____

영작 ②　｜_____

내 문장　｜_____

핵심 표현 ｜ go to the movies = 영화를 보러 가다 / another plan = 다른 계획 / secret = 비밀

093~096 〰 I hope that ~

093 앞머리 표현 장착

연습 ①
_____

연습 ②
_____

🍚 094 밥짓기

예문 |
_____

영작 ① |
_____

영작 ② |
_____

내 문장 |
_____

핵심 표현 | have a great time = 즐거운 시간을 보내다 / make the right choice = 옳은 선택을 하다

🍚 095 반찬 더하기

예문 |
_____

영작 ① |
_____

영작 ② |
_____

내 문장 |
_____

핵심 표현 | get a good grade = 좋은 성적을 얻다 / do your best = 너의 최선을 다하다

🌢 096 참기름 뿌리기

예문 |
_____

영작 ① |
_____

영작 ② |
_____

내 문장 |
_____

핵심 표현 | succeed in your business = 네 일에 있어 성공하다 / enjoy your stay = 즐겁게 머물다

097~100 ⌢ I'm trying to ~

097 앞머리 표현 장착

연습 ①

연습 ②

098 밥짓기

예문 |

영작 ① |

영작 ② |

내 문장 |

핵심 표현 | cook for myself = 직접 요리하다 / eat healthy food = 건강식을 먹다

099 반찬 더하기

예문 |

영작 ① |

영작 ② |

내 문장 |

핵심 표현 | at least once a week/month/year = 적어도 일주일/1달/1년에 ~번

100 참기름 뿌리기

예문 |

영작 ① |

영작 ② |

내 문장 |

핵심 표현 | meet my friends = 나의 친구들을 만나다 / travel abroad = 해외 여행을 하다

101~104 ⌄ It looks like ~

101 앞머리 표현 장착

연습 ①

연습 ②

102 밥짓기

예문 |

영작 ① |

영작 ② |

내 문장 |

핵심 표현 | rain = 비가 오다 / be late for ~ = ~에 늦다 / win the gold medal = 금메달을 따다

103 반찬 더하기

예문 |

영작 ① |

영작 ② |

내 문장 |

핵심 표현 | dark clouds = 먹구름 / fish out of water = 꿔다 놓은 보릿자루 / dark circles = 다크써클

104 참기름 뿌리기

예문 |

영작 ① |

영작 ② |

내 문장 |

핵심 표현 | down = 작동이 안 되는, 고장 난 / traffic is bad = 교통 체증이 심하다

271

105~108 ^ I can't believe ~

105 앞머리 표현 장착

연습 ①
_____

연습 ②
_____

🥄 106 밥짓기

예문 |
_____

영작 ① |
_____

영작 ② |
_____

내 문장 |
_____

핵심 표현 | draw+명사 = ~을 그리다 / ask 사람 out = ~에게 데이트를 신청하다

🍚 107 반찬 더하기

예문 |
_____

영작 ① |
_____

영작 ② |
_____

내 문장 |
_____

핵심 표현 | eat them all = 그것들을 다 먹다 / sing in public = 대중 앞에서 노래하다

💧 108 참기름 뿌리기

예문 |
_____

영작 ① |
_____

영작 ② |
_____

내 문장 |
_____

핵심 표현 | be in her 20's = (그녀가) 20대이다 / commit suicide = 자살하다

109~112 It's a pity that ~

109 앞머리 표현 장착

연습 ①

_____

연습 ②

_____

110 밥짓기

예문 |

_____

영작 ① |

_____

영작 ② |

_____

내 문장 |

_____

핵심 표현 | move = 이사 가다 / get canceled = 취소되다 / fall on 요일 = ~라는 요일에 배정되다

111 반찬 더하기

예문 |

_____

영작 ① |

_____

영작 ② |

_____

내 문장 |

_____

핵심 표현 | work on that day = 그날 일하다 / have so much fun = 엄청 재미있게 놀다

112 참기름 뿌리기

예문 |

_____

영작 ① |

_____

영작 ② |

_____

내 문장 |

_____

핵심 표현 | retire = 은퇴하다 / give up on+명사 = ~을 포기하다 / try hard = 열심히 노력하다

273

113~116 ⌣ I'm so nervous about ~

113 앞머리 표현 장착

연습 ①
_____

연습 ②
_____

114 밥짓기

예문 |
_____

영작 ① |
_____

영작 ② |
_____

내 문장 |
_____

핵심 표현 | go abroad = 해외로 나가다 / speak in public = 대중(사람들) 앞에서 말하다

115 반찬 더하기

예문 |
_____

영작 ① |
_____

영작 ② |
_____

내 문장 |
_____

핵심 표현 | speak well = 말을 잘하다 / meet your parents = 너희 부모님을 만나다 / first time = 처음

116 참기름 뿌리기

예문 |
_____

영작 ① |
_____

영작 ② |
_____

내 문장 |
_____

핵심 표현 | first date = 첫 데이트 / driving test = 운전 면허 시험

117~120 ⌒ I wonder if ~

117 앞머리 표현 장착

연습 ①

연습 ②

118 밥짓기

예문 |

영작 ① |

영작 ② |

내 문장 |

핵심 표현 | get a refund = 환불을 받다 / get back home safe = 집에 무사히 도착하다

119 반찬 더하기

예문 |

영작 ① |

영작 ② |

내 문장 |

핵심 표현 | without a receipt/my phone/your help = 영수증/전화기/너의 도움 없이

120 참기름 뿌리기

예문 |

영작 ① |

영작 ② |

내 문장 |

핵심 표현 | without a reservation = 예약 없이 / by yourself = 네 스스로, 너 혼자

121~124 ⌒ No need to ~

121 앞머리 표현 장착

연습 ①

연습 ②

🍚 122 밥짓기

예문 |

영작 ① |

영작 ② |

내 문장 |

핵심 표현 | apologize = 사과하다 / say thanks = 고마움을 말하다 / get nervous = 긴장하다

🍜 123 반찬 더하기

예문 |

영작 ① |

영작 ② |

내 문장 |

핵심 표현 | understand = 이해하다 / reply = 답장하다 / pay = 지불/결제/계산하다

💧 124 참기름 뿌리기

예문 |

영작 ① |

영작 ② |

내 문장 |

핵심 표현 | hurry = 서두르다 / have time = 시간이 있다 / buy new one = 새것을 사다

125~128 ⌣ It's time to ~

125 앞머리 표현 장착

연습 ①
_____

연습 ②
_____

🍚 126 밥짓기

예문 |
_____

영작 ① |
_____

영작 ② |
_____

내 문장 |
_____

핵심 표현 | make a decision = 결정을 하다 / start a new chapter = 새로운 장을 시작하다[열다]

🍜 127 반찬 더하기

예문 |
_____

영작 ① |
_____

영작 ② |
_____

내 문장 |
_____

핵심 표현 | get ready = 준비하다 / let go of the past = 과거를 놓다[버리다]

💧 128 참기름 뿌리기

예문 |
_____

영작 ① |
_____

영작 ② |
_____

내 문장 |
_____

핵심 표현 | make plans = 계획을 세우다 / make a career change = 직업[진로] 변경을 하다

129~132 I'm on my way to ~

129 앞머리 표현 장착

연습 ①　_____

연습 ②　_____

🥣 130 밥짓기

예문　|　_____

영작 ①　|　_____

영작 ②　|　_____

내 문장　|　_____

핵심 표현 | meeting = 회의 / hospital = 병원 / dinner = 저녁 식사

🍚 131 반찬 더하기

예문　|　_____

영작 ①　|　_____

영작 ②　|　_____

내 문장　|　_____

핵심 표현 | lunch = 점심 식사 / with my client = 나의 고객과 함께

💧 132 참기름 뿌리기

예문　|　_____

영작 ①　|　_____

영작 ②　|　_____

내 문장　|　_____

핵심 표현 | my in-laws' house = 시댁 / high school reunion = 고등학교 동창회

133~136　It turned out to be ~

133 앞머리 표현 장착

연습 ①
_____

연습 ②
_____

134 밥짓기

예문　|
_____

영작 ①　|
_____

영작 ②　|
_____

내 문장　|
_____

핵심 표현　| false rumor = 헛소문 / fake = 가짜의, 거짓된 / false report = 허위 보고, 오보, 낭설

135 반찬 더하기

예문　|
_____

영작 ①　|
_____

영작 ②　|
_____

내 문장　|
_____

핵심 표현　| true = 사실인 / accident = 사고

136 참기름 뿌리기

예문　|
_____

영작 ①　|
_____

영작 ②　|
_____

내 문장　|
_____

핵심 표현　| (very) successful = (매우) 성공적인 / (very) silly idea = (매우) 어리석은 생각

137~140 　 It depends on ~

137 앞머리 표현 장착

연습 ①

연습 ②

138 밥짓기

예문　|

영작 ①　|

영작 ②　|

내 문장　|

핵심 표현　| your perspective = 너의 관점 / situation = 상황 / your decision = 너의 결정

139 반찬 더하기

예문　|

영작 ①　|

영작 ②　|

내 문장　|

핵심 표현　| frame of reference = (판단을 결정하는) 기준, 준거

140 참기름 뿌리기

예문　|

영작 ①　|

영작 ②　|

내 문장　|

핵심 표현　| treat = 다루다, 취급하다 / what you want to do = 네가 뭘 하고 싶어 하는지

141~144 🎵 I'll pretend ~

141 앞머리 표현 장착

연습 ①

연습 ②

🍚 142 밥짓기

예문 |

영작 ① |

영작 ② |

내 문장 |

핵심 표현 | didn't hear that = 그것을 못 들었다 / didn't see you = 너를 못 봤다

🥣 143 반찬 더하기

예문 |

영작 ① |

영작 ② |

내 문장 |

핵심 표현 | didn't say that = 그것을 말하지 않았다 / nothing happened = 아무 일도 안 일어났다

💧 144 참기름 뿌리기

예문 |

영작 ① |

영작 ② |

내 문장 |

핵심 표현 | never existed = 아예 존재하지 않았다 / between us = 우리 사이에

145~148 ⌄ I prefer ~

145 앞머리 표현 장착

연습 ①

연습 ②

🍚 146 밥짓기

예문 |

영작 ① |

영작 ② |

내 문장 |

핵심 표현 | stay at home = 집에 있다 / casual clothes = 평상복 / work at home = 집에서 일하다

🍜 147 반찬 더하기

예문 |

영작 ① |

영작 ② |

내 문장 |

핵심 표현 | aisle[window] seat = 통로[창가] 쪽 자리 / travel alone[in a group] = 혼자[단체] 여행하다

💧 148 참기름 뿌리기

예문 |

영작 ① |

영작 ② |

내 문장 |

핵심 표현 | pastel[neon] colors = 파스텔[네온] 색상 / eat out = 외식하다

149~152 ≈ I'm thinking about ~

149 앞머리 표현 장착

연습 ① _____

연습 ② _____

150 밥짓기

예문 | _____

영작 ① | _____

영작 ② | _____

내 문장 | _____

핵심 표현 | go abroad = 해외로 나가다 / get a tattoo = 문신을 하다 / go back to school = 복학하다

151 반찬 더하기

예문 | _____

영작 ① | _____

영작 ② | _____

내 문장 | _____

핵심 표현 | lose weight = 살을 빼다 / quit drinking = 술을 끊다 / stay healthy = 건강을 유지하다

152 참기름 뿌리기

예문 | _____

영작 ① | _____

영작 ② | _____

내 문장 | _____

핵심 표현 | save time = 시간을 절약하다 / make new friends = 새로운 친구를 사귀다

153~156 ❁ I'm interested in ~

153 앞머리 표현 장착

연습 ①
_____

연습 ②
_____

154 밥짓기

예문 |
_____

영작 ① |
_____

영작 ② |
_____

내 문장 |
_____

핵심 표현 | video editing = 영상 편집 / stock market = 주식 시장 / position = 직책

155 반찬 더하기

예문 |
_____

영작 ① |
_____

영작 ② |
_____

내 문장 |
_____

핵심 표현 | work with you = 당신과 함께 일하다 / rent your apartment = 당신의 아파트에 세 들다

156 참기름 뿌리기

예문 |
_____

영작 ① |
_____

영작 ② |
_____

내 문장 |
_____

핵심 표현 | K-pop = 케이팝 / boy band = 보이 밴드 / Korean history = 한국 역사 / culture = 문화

157~160 ≋ I'm looking for ~

157 앞머리 표현 장착

연습 ①

연습 ②

158 밥짓기

예문 |

영작 ① |

영작 ② |

내 문장 |

핵심 표현 | studio = 원룸 / my phone = 내 전화기 / new job = 새로운 직장

159 반찬 더하기

예문 |

영작 ① |

영작 ② |

내 문장 |

핵심 표현 | place to stay = 머물[머물 만한] 곳 / pants in a bigger size = 좀 더 큰 사이즈의 바지

160 참기름 뿌리기

예문 |

영작 ① |

영작 ② |

내 문장 |

핵심 표현 | jacket in light brown = 밝은 갈색 재킷 / the person in charge = 책임자

161~164 You can ~

161 앞머리 표현 장착

연습 ①
_____

연습 ②
_____

162 밥짓기

예문 |
_____

영작 ① |
_____

영작 ② |
_____

내 문장 |
_____

핵심 표현 | stay here = 여기 있다 / borrow = 빌리다 / tell me anything = 내게 무엇이든 말하다

163 반찬 더하기

예문 |
_____

영작 ① |
_____

영작 ② |
_____

내 문장 |
_____

핵심 표현 | use = 사용하다, 쓰다 / my computer = 내 컴퓨터 / wear = 입다 / my jacket = 내 재킷

164 참기름 뿌리기

예문 |
_____

영작 ① |
_____

영작 ② |
_____

내 문장 |
_____

핵심 표현 | join+사람 = ~와 함께하다 / go now = 지금 가다

165~168 It's my first time ~

165 앞머리 표현 장착

연습 ①
_____

연습 ②
_____

166 밥짓기

예문 |
_____

영작 ① |
_____

영작 ② |
_____

내 문장 |
_____

핵심 표현 | see a rainbow = 무지개를 보다 / do something like this = 이런 걸 하다

167 반찬 더하기

예문 |
_____

영작 ① |
_____

영작 ② |
_____

내 문장 |
_____

핵심 표현 | get on a plain = 비행기를 타다 / go overseas = 해외로 나가다 / excited = 흥분되는

168 참기름 뿌리기

예문 |
_____

영작 ① |
_____

영작 ② |
_____

내 문장 |
_____

핵심 표현 | ride a bike = 자전거를 타다 / eat this much = 이렇게 많이 먹다 / stuffed = 배가 너무 부른

169~172 ☆ Don't forget to ~

169 앞머리 표현 장착

연습 ①

_____

연습 ②

_____

170 밥짓기

예문 |

_____

영작 ① |

_____

영작 ② |

_____

내 문장 |

_____

핵심 표현 | take this medicine = 이 약을 복용하다 / wash your hands = 너의 손을 씻다

171 반찬 더하기

예문 |

_____

영작 ① |

_____

영작 ② |

_____

내 문장 |

_____

핵심 표현 | after meals = 식후에 / before going to bed = 자러 가기 전에

172 참기름 뿌리기

예문 |

_____

영작 ① |

_____

영작 ② |

_____

내 문장 |

_____

핵심 표현 | check your belongings = 너의 소지품을 확인하다 / make your bed = 너의 침대를 정리하다

173~176 ⓒ What makes you think that ~?

173 앞머리 표현 장착

연습 ①

연습 ②

174 밥짓기

예문 |

영작 ① |

영작 ② |

내 문장 |

핵심 표현 | heavy drinker = 주당 / have a girlfriend = 여자 친구가 있다 / hire = 고용하다

175 반찬 더하기

예문 |

영작 ① |

영작 ② |

내 문장 |

핵심 표현 | get drunk = 취하다 / foreigner = 외국인 / have a blank face = 무표정한 얼굴을 하고 있다

176 참기름 뿌리기

예문 |

영작 ① |

영작 ② |

내 문장 |

핵심 표현 | classmate = 동급생, 급우 / luxury brand = 명품 브랜드

177~180 🔊 I'm looking forward to ~

177 앞머리 표현 장착

연습 ① _____

연습 ② _____

🍚 178 밥짓기

예문 | _____

영작 ① | _____

영작 ② | _____

내 문장 | _____

핵심 표현 | dinner party = 저녁 파티 / hear from 사람 = ~의 소식을 듣다

🍲 179 반찬 더하기

예문 | _____

영작 ① | _____

영작 ② | _____

내 문장 | _____

핵심 표현 | soccer game = 축구 경기 / next week[year] = 다음 주[해]

💧 180 참기름 뿌리기

예문 | _____

영작 ① | _____

영작 ② | _____

내 문장 | _____

핵심 표현 | my vacation = 나의 휴가 / this summer = 이번 여름

181~184 ⌃ I'm obsessed with ~

181 앞머리 표현 장착

연습 ①

연습 ②

🍚 182 밥짓기

예문 |

영작 ① |

영작 ② |

내 문장 |

핵심 표현 | second hand deals = 중고 거래 / be skinny = 삐쩍 마르다, 말라깽이처럼 되다

🍜 183 반찬 더하기

예문 |

영작 ① |

영작 ② |

내 문장 |

핵심 표현 | spicy food = 매운 음식 / Malatang = 마라탕 / house plant = 실내용 화초 / cactus = 선인장

💧 184 참기름 뿌리기

예문 |

영작 ① |

영작 ② |

내 문장 |

핵심 표현 | Chinese food = 중국 음식 / shoe shopping = 신발 쇼핑

185~188 ⌄ I'm available for ~

185 앞머리 표현 장착

연습 ①

연습 ②

🍚 186 밥짓기

예문　|

영작 ①　|

영작 ②　|

내 문장　|

> 핵심 표현　| meeting = 회의 / dinner = 저녁 식사 / your birthday party = 너의 생일 파티

🍜 187 반찬 더하기

예문　|

영작 ①　|

영작 ②　|

내 문장　|

> 핵심 표현　| interview = 면접 / a drink = 술 한잔 / from 시각1 to 시각2 = 시각1부터 시각2까지

💧 188 참기름 뿌리기

예문　|

영작 ①　|

영작 ②　|

내 문장　|

> 핵심 표현　| between classes = 수업 사이에[중간에]

189~192 I want you to ~

189 앞머리 표현 장착

연습 ①

연습 ②

190 밥짓기

예문 |

영작 ① |

영작 ② |

내 문장 |

핵심 표현 | stop lying = 거짓말하는 걸 그만하다 / be honest with 사람 = ~에게 솔직하다

191 반찬 더하기

예문 |

영작 ① |

영작 ② |

내 문장 |

핵심 표현 | send me A = 나에게 A를 보내다 / invoice = 송장 / come to my office = 내 사무실로 오다

192 참기름 뿌리기

예문 |

영작 ① |

영작 ② |

내 문장 |

핵심 표현 | give me an answer = 내게 답변을 주다 / finish your homework = 너의 숙제를 끝내다

293

193~196 ⚹ I don't have time to ~

193 앞머리 표현 장착

연습 ① _____

연습 ② _____

🥄 194 밥짓기

예문 | _____

영작 ① | _____

영작 ② | _____

내 문장 | _____

핵심 표현 | explain = 설명하다 / answer all the questions = 모든 질문에 답하다

🍚 195 반찬 더하기

예문 | _____

영작 ① | _____

영작 ② | _____

내 문장 | _____

핵심 표현 | think about 명사 = ~에 대해 생각하다 / argue with 사람 = ~와 다투다[언쟁하다]

💧 196 참기름 뿌리기

예문 | _____

영작 ① | _____

영작 ② | _____

내 문장 | _____

핵심 표현 | discuss+명사 = ~을 논하다 / eat lunch = 점심을 먹다

197~200 I'll do my best to ~

197 앞머리 표현 장착

연습 ①

연습 ②

198 밥짓기

예문　|

영작 ① |

영작 ② |

내 문장 |

핵심 표현 | pass the exam = 시험에 통과하다 / make you happy = 너를 행복하게 해 주다

199 반찬 더하기

예문　|

영작 ① |

영작 ② |

내 문장 |

핵심 표현 | improve my English = 내 영어 실력을 늘리다 / quit smoking = 담배를 끊다

200 참기름 뿌리기

예문　|

영작 ① |

영작 ② |

내 문장 |

핵심 표현 | win the game = 경기를 이기다 / give the best performance = 가장 멋진 공연을 선보이다

🔍 앞머리 표현 50개 한눈에 훑어보기

01 I've been to ~   난 ~에 가 본 적 있어.

Personally, <u>I've been to</u> New York with my sister.
개인적으로, <u>난</u> 언니랑 뉴욕<u>에 가 본 적 있어</u>.

02 I used to ~   (한때) 난 ~했어(하곤 했어).

Back then, <u>I used to</u> go to the gym every day.
그 당시, <u>난</u> 매일 헬스장에 가곤 <u>했어</u>.

03 It's getting ~   점점 ~해지네(~해지고 있어).

I feel like <u>it's getting</u> more expensive to purchase things.
물건 사는 게 <u>점점</u> 더 비싸<u>지고 있는</u> 것 같아.

04 I'm going to ~   나 ~할 거야.

I'll tell you what, <u>I'm going to</u> take a gap year after college.
있잖아, <u>나</u> 대학 졸업한 다음 1년간 쉴 <u>거야</u>.

05 I'm supposed to ~   나 ~해야 돼(하기로 돼 있어).

Actually, <u>I'm supposed to</u> send an e-mail to Paul by 6 p.m.
실은, <u>나</u> Paul한테 오후 6시까지 이메일 보내<u>야 돼</u>.

06 It's up to ~   그건 ~ 마음이야(~에 달려 있어).

Honestly, <u>it's up to</u> you to run the company.
솔직히, 회사 운영은 당신<u>에게 달려 있어요</u>.

07 I'm down for ~   난 ~에 찬성이야. / 나도 같이 ~ 할래.

Sure, <u>I'm down for</u> it no matter what the others say.
어, 다른 사람들이 뭐라고 말하든 <u>난</u> 그거 <u>찬성이야</u>.

08 I'm heading to ~   나 ~(에) 가고 있어.

Actually, <u>I'm heading to</u> the Han River Park for jogging.
실은, <u>나</u> 조깅하러 한강 공원 <u>가고 있어</u>.

09 I'd like to ~   나 ~하면 좋겠어(해 보고 싶어).

Sometime soon, I'd like to go somewhere new with my old friends.
조만간, 나 오랜 친구들이랑 새로운 곳에 가 보고 싶어.

10 I don't think ~   난 ~라 생각하지 않아.

Unfortunately, I don't think I should keep this job due to the poor pay.
불행히도, 난 박봉 때문에 내가 이 일을 계속해야 한다고 생각하지 않아.

11 There is a ~   ~이/가 있어.

Look, there is a coffee shop in front of the station.
봐, 역 앞에 커피숍이 있어.

12 What if ~?   만약 ~면 어떨까(어떻게 될까)?

You know, what if I quit my job right now?
있잖아, 만약 내가 지금 당장 일을 관두면 어떻게 될까?

13 I'm into ~   나 ~에 빠져 있어.

Recently, I'm into studying English together with my best friend.
최근에, 나 절친이랑 같이 영어 공부에 빠져 있어.

14 It's not that ~   그다지 ~하지 않아.

Actually, it's not that difficult than you think.
사실, 네 생각보다 그다지 어렵지 않아.

15 I'm about to ~   나 ~하려던 참이야.

Well, I'm just about to clean my room.
음, 나 이제 막 방 청소하려던 참이야.

16 as long as ~   ~이라면, ~인 한

No doubt, as long as you trust yourself, you can make it for sure.
의심할 여지없이, 너 자신을 믿는 한 넌 반드시 해낼 수 있어.

17 I could use ~ 나 ~가 있으면 좋겠어. / 나 ~가 필요해.

Hey, <u>I could use</u> some coffee since I'm so sleepy.
저기, <u>나</u> 너무 졸려서 커피 좀 마시<u>면 좋겠어</u>.

18 I doubt that ~ ~일지 모르겠어.

Actually, <u>I doubt that</u> I will pass the test since I didn't study hard enough.
사실, 나 공부를 충분히 안 해서 시험에 합격할<u>지 모르겠어</u>.

19 compared to ~ ~에 비해

I feel like <u>compared to</u> last year, fruits are much more expensive.
작년<u>에 비해</u>, 과일이 훨씬 더 비싼 것 같아.

20 What's wrong with ~? ~에 뭐가 문제인 거야?

Listen, <u>what's wrong with</u> you because you were fine yesterday.
들어 봐, 너 <u>뭐가 문젠데</u>, 너 어젠 괜찮았었잖아.

21 I'm sick of ~ 나 ~가 지긋지긋해.

You know, <u>I'm sick of</u> wearing a mask because of skin problems.
있잖아, <u>나</u> 피부 문제 때문에 마스크 쓰는 거 <u>지긋지긋해</u>.

22 I'm good at ~ 나 ~(을) 잘해.

You know what? <u>I'm good at</u> singing especially pop songs.
그거 알아? <u>나</u> 노래 <u>잘해</u>, 특히 팝송.

23 I'm afraid I can't ~ 아쉽지만(미안하지만) 나 못 ~해.

Well, <u>I'm afraid I can't</u> make it because I have work to do.
글쎄, <u>미안하지만</u> 할 일이 있어서 <u>나 못</u> 가.

24 I hope that ~ ~이길 바라.

Well, <u>I hope that</u> you have a great time on your trip.
음, 여행에서 즐거운 시간 보내<u>길 바라</u>.

25 I'm trying to ~ 나 ~하려고 노력 중이야.

Recently, I'm trying to cook for myself at least once a week.
최근에, 나 일주일에 한 번은 직접 요리하려고 노력 중이야.

26 It looks like ~ ~인 것 같아(~인 것처럼 보여).

Well, it looks like it's going to rain
since I can see the dark clouds in the sky.
음, 하늘에 먹구름이 보여서 비가 올 것 같아.

27 I can't believe ~ ~이라니 믿을 수 없어.

Wow, I can't believe you did this to me
since you were always good to me!
와, 네가 내게 이런 짓을 했다니 믿을 수 없어, 넌 항상 내게 잘했었는데!

28 It's a pity that ~ ~라서 아쉬워(안타까워).

I think it's a pity that he moved to another city
because he was my best friend.
걔가 다른 도시로 이사 가서 아쉬운 것 같아, 걔가 내 절친이었거든.

29 I'm so nervous about ~ 나 ~가 너무 긴장돼(떨려).

Honestly, I'm so nervous about going abroad
because my English isn't that good.
솔직히, 나 영어 실력이 그다지 안 좋아서 해외로 나가는 게 너무 긴장돼.

30 I wonder if ~ ~인지 궁금해(모르겠어).

To be honest, I wonder if I can get a refund without a receipt.
솔직히, 나 영수증 없이 환불 받을 수 있을지 모르겠어.

31 No need to ~ ~할 필요 없어.

It's alright, no need to apologize because I understand you.
괜찮아, 사과할 필요 없어, 널 이해하거든.

앞머리 표현 50개 한눈에 훑어보기

32 It's time to ~ 이제 ~할 시간이야(~할 때야).

I think it's time to go to bed for tomorrow.
내일을 위해 이제 자러 갈 시간이 된 것 같구나.

33 I'm on my way to ~ 나 ~에 가는 길이야.

Actually, I'm on my way to a meeting right now.
실은, 나 지금 회의하러 가는 길이야.

34 It turned out to be ~ (알고 보니) 그거 ~였어.

Well, in the end, it turned out to be a false rumor.
뭐, 결국, 그거 헛소문이었어.

35 It depends on ~ (결국) 그건 ~에 달려 있어.

I think it all depends on your perspective.
내 생각에 그건 다 네 관점에 달려 있어.

36 I'll pretend ~ ~인 걸로 할게.

Whatever, I'll just pretend I didn't hear that.
뭐가 됐든, 그냥 내가 그거 못 들은 걸로 할게.

37 I prefer ~ 난 ~을 선호해.

As for me, I prefer staying at home rather than going out.
내 경우, 난 밖에 나가는 것보단 집에 있는 걸 선호해.

38 I'm thinking about ~ 나 ~할까 생각 중이야.

Actually, I'm thinking about going abroad to improve my English.
실은, 나 영어 실력을 늘리려고 해외에 나갈까 생각 중이야.

39 I'm interested in ~ 난 ~에 관심 있어.

These days, I'm interested in video editing because of Youtube.
요즘, 난 유튜브 때문에 영상 편집에 관심 있어.

40 I'm looking for ~   저 ~을 찾고(구하고) 있어요.

Excuse me, <u>I'm looking for</u> a studio near Gangnam station.
실례합니다, <u>저</u> 강남역 근처 원룸<u>을 찾고 있는데요</u>.

41 You can ~   (넌) ~해도 돼.

Of course, <u>you can</u> stay here tonight if you want.
물론, 네가 원한다면 오늘 밤 여기 있어<u>도 돼</u>.

42 It's my first time ~   나 ~하는 건 처음이야.

Actually, <u>it's my first time</u> meeting him in person. I'm so excited.
실은, <u>나</u> 그 사람을 직접 만나는 건 <u>처음이야</u>. 나 너무 흥분돼.

43 Don't forget to ~   ~하는 거 잊지 마.

Hey, <u>don't forget to</u> take this medicine after meals!
저기, 식후에 이 약 먹는 <u>거 잊지 마</u>!

44 What makes you think that ~?   왜 ~라고 생각해?

Well, <u>what makes you think that</u> I'm a heavy drinker,
because I never get drunk?
글쎄, <u>왜</u> 내가 주당이<u>라고 생각할까</u>, 내가 절대 안 취해서?

45 I'm looking forward to ~   나 ~이 기대돼(~을 기다리고 있어).

Yeah, <u>I'm</u> really <u>looking forward to</u> a dinner party tonight.
응, <u>나</u> 오늘 밤 저녁 파티<u>가</u> 정말 <u>기대돼</u>.

46 I'm obsessed with ~   나 ~에 푹 빠졌어(집착하고 있어).

Right, <u>I'm obsessed with</u> Youtube, especially Vlog videos.
맞아, <u>나</u> 유튜브<u>에 푹 빠졌어</u>, 특히 브이로그 동영상.

47 I'm available for ~   나 ~할 시간 돼(있어).

Well, I'm available for a meeting from 10 a.m. to 11 a.m.
글쎄, 나 오전 10시부터 11시까지 회의할 시간 돼.

48 I want you to ~   네가 ~했으면 해.

Listen, I want you to finish this report by tomorrow.
저기, 네가 내일까지 이 보고서를 끝냈으면 해.

49 I don't have time to ~   나 ~할 시간 없어.

Actually, I don't have time to talk to you right now.
사실, 나 지금 너랑 얘기할 시간 없어.

50 I'll do my best to ~   ~하기 위해 최선을 다할게(할 거야).

I promise, I'll do my best to find the best solution for everyone.
약속할게, 모두를 위한 가장 좋은 해결책을 찾기 위해 최선을 다할게.